La grande garderie

Lisa Kamen-Hirsig

La grande garderie

Albin Michel

Sommaire

Je dédie ce livre à mes deux grands-mères,
Élisabeth, qui rêvait de devenir institutrice,
et Georgette, si droite, si forte,
ainsi qu'à tous les élèves avec lesquels
j'ai partagé d'innombrables merveilleux moments.

Avant-propos

En vingt ans d'enseignement, j'ai rencontré des centaines d'élèves : pitres, fayots, grincheux, passionnés ou désinvoltes. Tous, je dis bien tous, ne demandaient qu'une chose : apprendre. Ils souhaitaient pouvoir en remontrer à leurs parents, à leurs frères et sœurs en rentrant à la maison, être fiers de leur journée d'école et avoir le sentiment de ne pas perdre leur temps en classe. Je me souviens encore de ce jeune remplaçant jetant l'éponge après une journée de classe : « Je ne peux pas rester, ils sont trop demandeurs. »

Apprendre. Comprendre. Grandir. Devenir autonome. Ce sont les promesses qu'on leur fait lorsqu'ils entrent en maternelle, au moment d'une transition souvent douloureuse. On leur explique que s'il est difficile d'abandonner la garderie, les professeurs leur feront en échange un cadeau d'une valeur inestimable : le savoir. Qu'à leur tour ils hériteront de ce que les hommes ont inventé depuis des millénaires. On comprend qu'ils soient impatients, exigeants et même avides de tout savoir.

Mais… ces promesses sont aujourd'hui mensongères.

Les pauvres ne peuvent se douter qu'ils seront au contraire précipités dès l'âge de trois ans dans une garderie plus vaste, moins sûre et dont l'objectif n'est pas de les instruire mais de les rendre conformes à des valeurs qu'elle estime nécessaires à la vie en société. Une immense garderie de douze millions d'enfants où ils téteront le lait des valeurs de la République et où l'engagement citoyen est obligatoire si on ne veut pas aller au coin. Ils y apprendront l'obéissance, le dogmatisme, le mépris de leur langue et de leur histoire.

C'est ainsi que l'Éducation nationale, « l'école de Jules Ferry », l'un des totems de la République, est devenue dangereuse pour nos enfants.

Faisons si vous le voulez bien un petit crochet par l'étymologie, l'un de mes vices favoris. Le mot « danger » vient du latin *dominarium* qui signifie « possession » et « pouvoir ». De ce sens, le mot est passé à celui de « péril » en transitant par l'expression « être au danger », c'est-à-dire au pouvoir de quelqu'un. Est dangereux ce qui provoque une perte d'indépendance, un assujettissement.

Nous y sommes ! L'école est un danger car elle nous tient sous sa domination. Nous ? Oui, nous : douze millions d'élèves, leurs enseignants, leurs parents. Elle asservit des enfants qu'elle devrait rendre libres et critiques. Pour ce faire, elle soumet et muselle préalablement les professeurs. Elle dépossède les parents de leur liberté de choix. Assise sur un monopole légal, financée par l'impôt, elle n'a aucun mal à exercer son pouvoir. Elle recrute les enseignants, les forme, les rémunère, édicte les programmes sans qu'aucun représentant de la nation n'ait son mot à dire. Elle décide du calcul et de l'attribution des subventions, des matières étudiées et des emplois du temps, des diplômes valables et de la répartition géographique des élèves et des moyens. Elle a même réussi à mettre la main sur la majorité des écoles privées en les liant par le fameux « contrat* ».

Ce système tourne en circuit fermé depuis des décennies. En son sein, on s'inquiète parfois mais on ne se remet pas en question. La garderie nationale est une mission régalienne et on agite divers épouvantails à la face de ceux qui auraient l'audace de critiquer cette idée : le séparatisme – prête-nom de l'islamisme –, la privatisation qui la livrerait aux intérêts de quelques multinationales rêvant de jouer les Big Brother, l'Église – son obscurantisme et ses prêtres tous pédophiles…

Alors que d'autres pays décentralisent ou libéralisent leur système scolaire, nous renforçons au contraire les pouvoirs d'une administration pléthorique. Le fait que les élèves réussissent mieux et soient plus heureux ailleurs ne provoque aucune réflexion au sein de l'appareil d'État français. Omniscient, omnipotent, omniprésent, il se déclare compétent pour répondre aux besoins éducatifs de chacun.

---

* Une coutume politique datant de 1985, sans base légale à ce jour, veut que les effectifs des élèves des écoles privées ne dépassent pas 20 % de ceux du public. En échange de cette renonciation, l'État finance les salaires des enseignants. Ce « contrat » implique aussi que les écoles privées suivent les programmes de l'Éducation nationale et que leurs enseignants subissent les mêmes formations.

L'argument de la massification de l'enseignement ne tient pas : les populations sud-coréennes ou finlandaises sont scolarisées en masse et longtemps sans que cela porte préjudice à la qualité de l'enseignement.

Les petits Français ne sont pas plus bêtes qu'avant. Si leurs performances scolaires et leur désir d'apprendre déclinent – tous les classements internationaux le montrent –, c'est à cause de nous qui ne leur offrons plus les connaissances nécessaires.

Sommes-nous coupables ? Nous sommes surtout piégés : pas de choix, pas d'argent, pas de temps. Nous aimerions le meilleur pour nos enfants, évidemment ! Mais l'école nous les prend à trois ans pour les remettre à des gens que généralement nous ne connaissons pas et qui appliquent des programmes que nous n'avons pas lus !

Devant la catastrophe qu'ils ne peuvent plus ignorer, j'entends les ministres successifs souhaiter « plus d'autonomie » pour les établissements scolaires. Parfait. Puis ils décident des effectifs dans les classes, de la fréquence des dictées, du nombre et de la teneur des séances d'éducation sexuelle, pour tous les niveaux sur tout le territoire, et de promouvoir le sport une année, les arts une autre... Autonomie de façade. J'ai eu l'occasion de rencontrer quelques candidats à l'élection présidentielle de 2022. Ils s'alarment de l'état de l'école mais rêvent de « la reprendre en main » : uniformes pour tous, imposition d'un manuel unique, salut au drapeau obligatoire... Maquiller l'école actuelle en école de la IIIe République ne suffira pas. La France a besoin d'air. Les Français, de liberté. L'école ne fait pas exception. Il existe des alternatives, les initiatives personnelles fleurissent et de nombreux enseignants résistent, fidèles à leur vocation : transmettre des connaissances.

Saint-Exupéry, dans son merveilleux *Pilote de guerre*, écrivait : « Nous vivons dans le ventre aveugle d'une administration. Une administration est une machine. Plus une administration est perfectionnée, plus elle élimine l'arbitraire humain. Dans une administration parfaite, où l'homme joue un rôle d'engrenage, la paresse, la malhonnêteté, l'injustice n'ont plus l'occasion de sévir.

« Mais, de même que la machine est bâtie pour administrer une succession de mouvements prévus une fois pour toutes, de même l'administration ne crée point non plus. Elle gère. Elle applique telle sanction à telle faute, telle solution à tel problème. Une administration n'est pas conçue pour résoudre des problèmes neufs. Si, dans une machine à emboutir, on introduit des pièces de bois, il n'en sortira point des meubles. Il faudrait, pour que la machine s'adaptât, qu'un homme disposât du droit de la bousculer. Mais dans une administration, conçue pour parer aux inconvénients de l'arbitraire humain, les engrenages refusent l'intervention de l'homme. Ils refusent l'Horloger.

« [...] Je songe à une formule vieille comme mon pays : "En France, quand tout semble prévu, un miracle sauve la France." J'ai compris pourquoi. Il est arrivé parfois qu'un désastre ayant détraqué la belle machine administrative, et celle-ci s'étant avérée irréparable, on lui a substitué, faute de mieux, de simples hommes. Et les hommes ont tout sauvé. »

Nous sommes de simples hommes. Nous pouvons tout sauver.

1

La Terreur a disparu

Dans notre beau pays, l'enseignement de l'Histoire a toujours été une affaire politique. Dès la Révolution, il est utilisé pour accélérer la métamorphose des sujets en citoyens. Talleyrand réclamait « que désormais s'élevant à la dignité qui lui convient, elle [l'Histoire] devienne l'histoire des peuples, et non plus celle d'un petit nombre de chefs ». Élément de la politique éducative des assemblées révolutionnaires successives, elle désignait ceux qui doivent être regardés comme les vrais ancêtres du peuple français : ses précurseurs dans les combats pour la liberté et les actes héroïques des révolutionnaires eux-mêmes… Plus tard, la IIIe République voulut fabriquer des patriotes, éduqués dans le ressentiment nationaliste et la haine du Boche. Des petits soldats.

Les programmes d'histoire que l'on inflige aux élèves depuis deux ou trois générations ne sont pas beaucoup plus objectifs. Ils sont aussi de plus en plus pauvres en contenus. Nous continuons de sacrifier la connaissance historique à la frénésie commémorative.

Dans mon école, les enseignants « décloisonnent ». Cela signifie que l'un d'entre nous donne le cours d'histoire dans les trois classes de CM2, un autre le cours de géographie et le troisième le cours de sciences. Cela nous épargne un peu de travail et permet aux élèves de voir d'autres têtes. L'histoire m'incombe depuis quelques années et je trouve beaucoup d'intérêt à enseigner cette matière. J'aime raconter l'Histoire comme on raconte une histoire, avec ses personnages, ses rebondissements, ses leçons morales ou immorales. J'essaie d'y instiller un peu de suspense et de narrer les événements comme le faisait Alain Decaux lorsque j'étais enfant. J'essaie aussi de ne pas trop influencer le point de vue des élèves, de leur raconter les faits et de les laisser libres de les juger par eux-mêmes.

L'étude des périodes révolutionnaires est fascinante. Ma vie d'enfant a été bouleversée par la lecture du livre d'Anatole France *Les dieux ont soif* puis de *Quatre-vingt-treize* de Victor Hugo. Plus tard, les biographies de Marie-Antoinette et de Fouché par Stefan Zweig m'ont passionnée. Je les conseille à mes élèves. Ils ne sont pas en sucre. Ils aiment entendre parler des passions humaines : les trahisons, les dilemmes, les complots, les crimes les réjouissent, si j'ose dire !

La Révolution française est inscrite dans les programmes des classes de cours moyen. Je ne les ai pas consultés lorsque l'enseignement de la matière m'a incombé, estimant que mon rôle était d'accueillir les élèves avec leurs connaissances et de les emmener plus loin. Je me suis donc fixé comme but de couvrir la période allant du règne de Louis XIV à la Grande Guerre, ce qui incluait la Révolution, de l'ouverture des états généraux à la Terreur et aux guerres vendéennes.

Ce n'est qu'avant ma dernière inspection, en 2020, que je suis allée mettre mon nez pointu dans les programmes afin de vérifier l'adéquation de mes leçons avec la doctrine officielle. Et là, surprise ! Concernant la Révolution, les programmes de cycle 3 sont très limités : « De l'année 1789 à l'exécution du roi : Louis XVI, la Révolution, la Nation », pour passer ensuite à la période napoléonienne. Un document intitulé « S'approprier les différents thèmes du programme » explique que l'exécution de Louis XVI ouvre la période « que l'on qualifie de Terreur » et que la France est divisée…

Pour rappel, citons Robespierre, qui prônait le gouvernement par la terreur, « sans laquelle la vertu est impuissante. La terreur n'est autre que la justice prompte, sévère, inflexible […], une conséquence du principe général de la démocratie ». Le révolutionnaire le plus fameux assimilait terreur, justice et démocratie. Ce n'est pas « on » qui qualifie cette période de Terreur mais bien les responsables politiques de l'époque. Mais ça n'est précisé nulle part.

Le Comité de salut public, les noms de ses membres, la Loi des suspects, la persécution et la déportation des prêtres, la résistance vendéenne ne sont même pas évoqués. Involontairement ironique, ce document comporte une rubrique « Écueils à éviter » :

– Faire un récit trop détaillé de la Révolution française ;
(Aucun risque !)

– Susciter une vision partisane ou moralisante des événements.
(La morale républicaine, oui. Les questions morales suscitées par l'élimination physique des adversaires de la Révolution, non)

Je me suis aperçue que la Terreur apparaissait et disparaissait des programmes au gré des ministères. En 1985, ils ne mentionnaient que « les événements et les principes de 1789, les grandes phases de la Révolution et l'avènement de la République » alors que ceux de 2002 employaient bien le mot « Terreur », l'associant à l'apparition des guerres de masse et évoquant les échecs de la Révolution.

J'ai finalement opté pour un « classement vertical » des programmes, trop louvoyants pour moi et souvent empreints de romantisme révolutionnaire.

Minimiser ou passer sous silence les crimes de la Terreur, ne parler que de droits de l'homme, d'égalité, de république et de tyrannicide, c'est normaliser le recours à la violence et au crime pour obtenir gain de cause. La torture, l'oppression, le complot, le meurtre se trouvent alors justifiés par la quête du bien de l'humanité. De là à excuser les violences et le vandalisme au nom de l'écologie, de l'antiracisme voire de l'anticapitalisme, il n'y a qu'un pas que de nombreux « jeunes » n'hésitent plus à franchir, excusés par leurs professeurs.

Mes élèves connaissent donc l'existence du Comité de salut public et peuvent en citer les principaux membres. Je les emmène visiter la Conciergerie, siège du tribunal révolutionnaire et lieu d'incarcération de Marie-Antoinette. Je leur parle des idées sur l'amitié de Saint-Just et de la

« pureté » idéologique de ceux qui ont perpétré les massacres de Septembre ou pratiqué les mariages républicains.

Ayant l'inspectrice sous la main, je lui ai demandé si, à ses yeux, cette omission était intentionnelle ou non. Qu'essayait-on de cacher aux enfants ?

– Nous n'avons pas le temps, madame, ce sont des détails, cette période n'a duré que quelques mois.

Elle aurait pu ajouter qu'elle n'avait fait que « quelques » dizaines de milliers de morts par guillotine, fusillades ou noyades… Les fractures révolutionnaires ont encore des conséquences de nos jours : la rhétorique d'extrême gauche s'inspire largement des orateurs révolutionnaires français. Les bolcheviques admiraient la violence révolutionnaire française. Tout ça n'a rien d'un « détail de l'Histoire » comme dirait l'autre.

Si c'est véritablement une question de temps, remplaçons les multiples chapitres sur l'écologie, les dangers d'Internet, les jardins citoyens par quelques chapitres d'histoire de France supplémentaires. Autre piste : la suppression des semaines du goût, de la diversité (bio ou pas), de la planète, de l'entrepreneuriat féminin, de la « fraternité générale » et autres festivités contemporaines, terriblement chronophages et parfaitement inutiles.

Mais le manque de temps n'est évidemment qu'un prétexte : la grande garderie qu'est devenue l'Éducation nationale s'occupe de nos enfants 26 heures par semaine dès l'âge de trois ans. En 7 500 heures de classe, elle aurait le temps de traiter ce sujet majeur. Il se trouve que la Terreur fait un peu tache dans la bluette nationale républicaine. Le Code de l'éducation affirme « qu'outre la transmission des connaissances, la Nation fixe comme mission première à l'école de faire partager aux élèves les valeurs de la République » (article L 111-1). Cette mission est réaffirmée dans le « socle commun de connaissances, de compétences et de culture », dans les programmes et quasiment sur chaque page du site de l'Éducation nationale. On préfère donc se boucher le nez plutôt qu'admettre que ces valeurs ont été installées dans le sang et par la violence.

Les instructions officielles précisent que « les quatre valeurs et principes majeurs de la République française sont la liberté, l'égalité, la fraternité et la laïcité. S'en déduisent la solidarité, l'égalité entre les hommes et les femmes, ainsi que le refus de toutes les formes de discriminations ». Un peu plus loin : « Construire une culture civique : la conception républicaine de la citoyenneté insiste à la fois sur l'autonomie du citoyen et sur son appartenance à la communauté politique formée autour des valeurs et principes de la République. Elle signale l'importance de la loi et du droit, tout en étant ouverte à l'éthique de la discussion qui caractérise l'espace démocratique. » Ouverte à l'éthique de la discussion, peut-être, mais à la discussion elle-même, c'est moins sûr…

Si vous prenez quelques minutes pour feuilleter les manuels d'histoire les plus courants dans les classes, vous y trouverez à peine quelques pages sur Louis XIV et la monarchie absolue ou le régime de Vichy. Très peu de dates, de batailles, de cartes correctement légendées. Des définitions simplistes. Des textes courts disparaissant derrière une iconographie laide et envahissante : des portraits de rois détourés, des images de guingois, des personnages style BD… Des pages entières sur l'esclavage, le colonialisme, la condition des femmes à travers les âges. Tout cela dégouline de compassion, de repentance et de bons sentiments à la sauce sociologique.

Cette vision parcellaire et victimaire de l'Histoire est pernicieuse : le rayonnement de la France ne date pas d'hier. Il doit beaucoup aux grands hommes, aux périodes monarchiques et aussi aux inventeurs, très rarement évoqués, le génie individuel étant suspect d'office.

Si l'on pouvait parfois reprocher aux programmes d'histoire précédant l'introduction de la méthode dite des Annales de se borner à former de bons petits patriotes, les programmes actuels sont ostensiblement conçus pour fabriquer de bons petits citoyens, ce qui engendre finalement la même paresse d'esprit en plus d'un rabâchage ennuyeux concernant essentiellement les souffrances des minorités et des victimes en tous genres. On ne vise pas la formation de l'esprit critique, la curiosité intellectuelle, mais le conformisme.

Ce courant venu des États-Unis dans les années 1980 s'inspire de l'« histoire globale », qui insiste sur la nécessité de dépasser les cadres nationaux pour comprendre l'évolution des sociétés. Cette vision « progressiste » remet en cause la notion d'identité nationale au profit d'une notion d'identité plurielle résultant des liens que la France a entretenus avec l'Europe, ses anciennes colonies, etc.

Méthodes universitaires

Comme si cela ne suffisait pas, l'enseignement de l'Histoire à l'école primaire est aussi victime des méthodes imposées aux élèves, empruntées à l'université, notamment l'étude de documents. On distribue aux élèves, généralement répartis par groupes, un ensemble de documents à analyser. La variante consistant à leur demander de les trouver sur Internet existe aussi. Évidemment. Ils doivent ensuite en retirer la substance pour « élaborer une trace écrite » (le mot « leçon » est aujourd'hui considéré comme désuet et condescendant par les concepteurs des programmes).

Voici donc un exemple de « trace écrite produite » dans une classe de CE2 de l'école publique en 2021 :

> « S'habiller au fil du temps
> Il y a 800 000 ans, les habitants ont commencé à s'habiller en se couvrant de fourrures pour se protéger du froid. Plus tard, quand ils ont cultivé la terre et élevé des animaux, ils ont utilisé le coton et la laine des moutons pour fabriquer des tissus. [N.B. : c'est tellement mal formulé qu'un jeune élève peut penser que ce sont les moutons qui produisent le coton en plus de la laine...]
> Il y a 500 ans, en France, les femmes portaient des robes ou des jupes longues.
> Les hommes portaient de longues tuniques et des pantalons. Au XIXe siècle, les hommes ne sortaient jamais sans un béret ou un chapeau, les femmes sans une coiffe ou un foulard.

Les Français et les Françaises ont porté des habits différents selon les époques, selon leur richesse et aussi selon leur région.
Depuis un siècle, la manière dont les femmes s'habillent a beaucoup changé.
Elles peuvent porter des robes, des jupes courtes, ou des pantalons. Elles ne sont plus obligées d'avoir un chapeau ou une coiffe pour sortir. »

Mais quel est l'intérêt ?... Pas d'*Homo sapiens* ni de peintures rupestres, pas de romanisation de la Gaule ni de christianisme, pas de Mérovingiens... Aucun repère, aucune progression, aucune analyse. Pas de vocabulaire ni de dates, tout est approximatif, pauvre et mesquin. Sans oublier la petite antienne féministe à la fin : obligées par qui ? Les hommes n'étaient-ils pas eux aussi tenus d'obéir à certains codes vestimentaires ? Voilà à quoi aboutit une classe de CE2 sur la base de documents sans doute sélectionnés pour leur accessibilité. Quelles connaissances nouvelles leur permettant de nourrir une réflexion en retirent les élèves ?

Alternatives

Les manuels anciens sont souvent de meilleure tenue. On en trouve sur Internet, scannés ou commercialisés. Leur gros inconvénient, et c'est logique, est de ne pas étudier la période contemporaine. Parmi les manuels actuels, ceux de La Librairie des écoles sont objectifs et complets sans être austères. La série « Les Lieux de mémoire » dirigée par

Pierre Nora ne fait pas non plus l'apologie de la repentance ou de la culpabilité. Encouragez aussi vos enfants à se plonger dans les romans et récits historiques : de Dumas à Stendhal, de Balzac à Hugo, vos enfants apprendront grâce au contexte des intrigues, sans s'en rendre compte.

Les excellentes émissions d'Alain Decaux sont accessibles en ligne ainsi que la série des années 1970 « Il était une fois… l'Homme ». Les enfants s'identifieront très vite au petit Pierrot qui traverse l'Histoire avec toute sa famille en 26 épisodes de 26 minutes. Si l'animation est un peu datée, la qualité du propos, l'humour et la voix de Roger Carel sauront enthousiasmer les plus jeunes.

Les podcasts sont parfois une bonne solution. Il en existe pour enfants : l'éditeur Quelle histoire en propose pour les tout-petits, bien réalisés *moderando* un récitant ayant des grosses difficultés avec les liaisons et un tropisme féministe à peine voilé, obsession très moderne pour l'égalité.

Les enfants sont rapidement en mesure d'aborder des émissions qui ne sont pas réalisées spécifiquement pour eux pour peu qu'on prenne le temps de bien les choisir, de les contextualiser et d'en expliquer le vocabulaire. N'hésitez pas à leur faire écouter celles de Franck Ferrand par exemple.

Dans l'émission « La Fabrique de l'Histoire » du 9 mars 2017, Emmanuel Macron affirmait vouloir un « *Petit Lavisse* avec l'appareil critique ». Oxymore présidentiel. Rappelons que le *Petit Lavisse* est le manuel qui a fait entrer la Révolution française dans le roman national et républicain auprès de tous les écoliers de France, sans aucun recul. Espérons que l'actuel président du Conseil supérieur des programmes, Mark Sherringham, ancien conseiller pédagogique de deux ministres de l'Éducation nationale, François Fillon puis Xavier Darcos, fasse bouger les lignes. Il a du pain sur la planche…

2

L'hystérie numérique

> « L'homme moderne est l'esclave de la modernité : il n'est point de progrès qui ne tourne pas à sa plus complète servitude. »
>
> Paul Valéry

Septembre 2014 : je reprends le travail après un congé « pour convenance personnelle », comme on dit. Je retrouve « ma » classe sans difficulté car, pour mon bonheur, personne ne veut des CM2 !

Pourtant, ce n'est pas vraiment ma classe que je retrouve : tableau noir, craies et seaux ont disparu. Sans m'en informer, le chef d'établissement a cru bon de m'équiper d'un TNI, tableau numérique interactif. En gros, un tableau blanc. Pour ce qui est d'être numérique et interactif, nous verrons plus tard. Cette nouveauté me laisse perplexe : moi qui ai toujours affirmé que l'on pouvait enseigner sous un arbre, je me trouve un peu démunie devant tant de technologie, tant de possibilités. Et puis, boudant mon plaisir, je remarque quand même qu'après quelques semaines d'utilisation seulement, il n'est déjà plus très blanc, ce tableau. Un tableau noir se nettoie parfaitement avec un peu d'eau, de méthode et d'huile de coude. Un tableau blanc, jamais, malgré des produits chimiques très élaborés et affreusement odorants. J'aime les classes propres et qui sentent bon. Je n'aime pas l'odeur d'alcool des feutres. On se moque un peu de moi, « la réac ». On m'assure : « Tu vas t'y habituer ma grande, tu verras. » Peut-être. Ou pas.

On m'explique que je dois « configurer » ce tableau tous les jours ou presque. En d'autres mots, il faut que je fixe des points à l'aide d'un stylo numérique, sinon tout bouge tout le temps. Soit. Je configurerai. On me présente aussi de nombreux jeux et activités supposément ludiques qui me permettront de « faire passer » beaucoup plus facilement des notions compliquées tels la circonférence du cercle ou les multiples. Il me semble pourtant que ces notions « passaient » déjà bien avant et que de toute façon le rôle de l'enseignant est de les analyser pour les rendre accessibles. C'est ce qu'on appelle la didactique.

J'en suis de plus en plus convaincue : cet habillage numérique n'est qu'un leurre. Les notions sont relookées pour séduire les enfants, afin qu'ils les voient comme des jeux et non comme du travail. On ludifie la géométrie, la grammaire ou l'histoire. Comme si les élèves n'allaient pas s'apercevoir de l'entourloupe ! Et comme si toutes les notions, toutes les connaissances pouvaient être transformées en jeux. Mais les enfants, eux, ne sont pas dupes et se lassent rapidement de tous ces gadgets. Ils sentent bien que leur appétit d'apprendre est un problème pour tous ces gens qui ne rêvent que de transformer l'école en gigantesque garderie.

Je reçois de plus en plus de DVD et autres « ressources numériques » dans mon casier. Les éditeurs promettent qu'elles captiveront les élèves et me permettront de me concentrer sur ce qui est réellement important : le développement de compétences transversales. Les fameuses. L'esprit d'équipe, la créativité, l'empathie, l'intelligence émotionnelle et autres capacités à vivre ensemble que l'on attend de tout un chacun aujourd'hui. Je n'en ai encore jamais entendu de définition convaincante...

En théorie, tout semble si simple ! Au lieu de tracer un cercle à l'aide d'un compas en bois retors emmanché d'une vulgaire craie sous le regard amusé d'élèves qui voient bien que c'est compliqué, au lieu de riper et d'obtenir un résultat patatoïde, il n'y a plus qu'à désigner un vague arc de cercle du bout du doigt pour obtenir un cercle parfait au tableau. Magie de l'informatique ! Certes, mais que voient les enfants ? Peuvent-ils réellement vérifier ainsi la définition « Un cercle est l'ensemble des points situés à équidistance de son centre » alors que je fais ce geste auguste en forme de parenthèse ? Ne vaut-il pas mieux que mon cercle soit imparfait mais que chaque « point à équidistance » soit tracé par ma main ? Je m'interroge. On me rappelle qu'un enseignant a été menacé de blâme par le rectorat de Lille pour avoir critiqué publiquement l'équipement numérique de l'académie et partagé ses incertitudes en la matière. Depuis, les enseignants se cachent sous des pseudos ou derrière des associations lorsqu'ils ne sont pas convaincus par la frénésie numérique encouragée par le président-geek Macron.

Je me remets en selle et décide de trouver sur Internet des activités adaptées à mes élèves. J'écume les sites de maîtresses branchées, connectées, informées… Mais c'est plus fort que moi : je m'imagine à la place de mes élèves, goguenards, impatients ou même déçus. Et puis ils me le disent : eux aussi aimaient bien le briquer, ce tableau noir. Cela permettait de papoter un peu avec moi, de raconter petits malheurs et peines de cœur et parfois de récolter un-petit-chocolat-du-tiroir-de-la-maîtresse. Décidément, ce tableau gris-blanc manque de poésie.

Lorsque je me permets de critiquer ces nouveaux équipements, la directrice m'oppose un argument imparable : « C'est un projet d'école. » Il faut savoir que les chefs d'établissement courent après ce nouveau Graal : d'ailleurs, ils sont obligatoires depuis 1989. « [Le projet d'école] précise les voies et moyens qui sont mis en œuvre pour assurer la réussite de tous les élèves et pour associer les parents à cette fin. Il détermine également les modalités d'évaluation des résultats atteints[1]. » Je suis passée dans des écoles où le projet était « Mieux manger » ou « Le circuit de l'eau », alors pourquoi pas le numérique ? Il faut bien trouver quelque chose.

Soit. Alors je me servirai de mon tableau blanc comme d'un tableau noir. Mes pauvres élèves ne feront pas d'activités interactives. Au mieux, de temps en temps, auront-ils le plaisir de regarder un film en classe. Parfois mes collègues me disent – et c'est ce qu'elles entendent aussi – que je ne suis pas assez formée, que ça viendra. Ce n'est jamais venu. Je n'ai rien contre l'informatique, bien sûr, mais tout contre la confusion entre les fins et les moyens. Personne n'est capable ici de me dire pourquoi cet emballement ne rencontre aucune résistance et à quoi cela va nous mener.

De la fièvre à l'état comateux

À l'heure où je vis cette grande expérience numérique, toute la France la vit avec moi. La fièvre s'est déjà emparée des écoles depuis un moment. Des départements entiers équipent collèges et lycées. La plupart des enseignants sont dans mon cas et n'ont pas été consultés. Un peu honteuse, je m'intéresse au phénomène, de ses justifications à ses manifestations, et j'essaie de comprendre pourquoi « ça ne prend pas sur moi ».

L'acquisition de ces matériels, leur maintenance et la formation des enseignants sont chronophages et très coûteuses alors même que de nombreuses études prouvent l'inefficacité du numérique à l'école et qu'il est maintenant de notoriété publique que les cadres de la Silicon Valley scolarisent leurs enfants dans des écoles « à l'ancienne », avec tableaux noirs, craies et pédagogies transmissives. Sans aller jusqu'à l'exemple extrême du Languedoc-Roussillon, département dans lequel des élèves ont revendu les ordinateurs que la région leur avait donnés, de l'aveu même de l'inspection générale de l'Éducation nationale, les expériences corréziennes de François Hollande et landaises de Xavier Emmanuelli se soldent par un échec. Mehdi Khaneboubi, maître de conférences en sciences de l'éducation et membre du laboratoire STEF (Sciences, Techniques, Éducation, Formation) de l'ENS-Cachan et de l'ENS-Lyon, a étudié les effets de cet équipement sur les résultats au brevet des collèges. Il conclut que la possession d'un ordinateur portable a un impact nul sur les performances scolaires. Il remarque même une baisse des notes des petits Landais mais reste prudent : « Les ordinateurs jouent peut-être un rôle dans ce processus. » En réalité, cela permet surtout aux collectivités de montrer qu'elles agissent. En politique, on le sait, l'immobilisme, c'est la mort. Il vaut mieux faire n'importe quoi (avec l'argent du contribuable) que prendre le temps de réfléchir. Et la communication s'arrête à la distribution gratuite de tablettes. Aucun journaliste, aucun porte-parole ministériel ne parle jamais des dégradations, du rejet des professeurs, du temps perdu, de la complexité de la maintenance.

Au dernier salon Educatech, le salon professionnel de l'innovation éducative, qui s'est tenu du 15 au 17 novembre 2022 porte de Versailles, j'ai pu voir le volume d'affaires que représentaient les nouvelles technologies à l'école : des centaines d'entreprises prospèrent sur ce terrain, avides d'échanger des services, dans l'ensemble assez minables, tels des jeux pour apprendre à écrire des notices Wikipédia ou des solutions d'orientation numérique, contre de l'argent – beaucoup d'argent – généralement public.

La peur, en particulier celle du déclassement, préside à toutes ces décisions. On peut lire sur le site de l'Éducation nationale que « l'École contribue au projet d'une société de l'information et de la communication pour tous. Elle forme les élèves à maîtriser ces outils numériques et le futur citoyen à vivre dans une société dont l'environnement technologique évolue constamment ». Mais le déclassement français plonge ses racines bien plus loin. On ne l'évitera pas en mettant les enfants devant des écrans mais en leur donnant de solides connaissances. La compétence « Savoir surfer sur Internet » ne palliera pas leur incapacité à écrire dans leur propre langue. Je lis partout, l'Éducation nationale le répète en boucle, les formateurs le serinent : « Il faut réduire la fracture numérique, adapter l'école au monde moderne et former les élèves aux outils de demain. » Il est pourtant évident que ces outils seront dépassés lorsqu'ils seront adultes. Lorsque j'avais onze ans, je jouais avec le logiciel Multiplan de mon père. Multiplan, pour les plus jeunes d'entre vous, est l'ancêtre d'Excel. Eh bien, le manipuler des après-midi entiers ne m'a donné aucune aisance supplémentaire pour utiliser un tableur. Le principe du calcul référentiel fait appel à des connaissances mathématiques qui n'ont rien à voir avec l'informatique : les priorités opératoires, les calculs avec parenthèses, les équations et la navigation dans un repère cartésien. Voilà ce qu'il faut enseigner aux enfants ! Ces connaissances sont transférables. Mon aisance dans Multiplan ne l'est pas !

Ubuesque

Dans sa bienveillance, le site de l'Éducation nationale précise encore : « Le CRCN [cadre de référence des compétences numériques] est un référentiel à destination des élèves de l'école primaire, du collège et du lycée ainsi que des étudiants de l'enseignement supérieur et des adultes en formation professionnelle. Il est entré en vigueur à la rentrée scolaire 2019. Il est inspiré du cadre européen (DigComp) et valable de l'école primaire à l'université. Il définit seize compétences numériques attendues dans cinq domaines d'activité. Il propose huit niveaux de maîtrise progressive de ces compétences pour les élèves de l'enseignement scolaire, pour les étudiants de l'enseignement supérieur et dans un contexte de formation d'adultes. Les niveaux de maîtrise de 1 à 5 sont proposés plus particulièrement pour les élèves de l'école élémentaire, du collège et du lycée. »

Concernant la formation des enseignants, il ajoute :

> « Les compétences du C2i2e [certificat informatique et Internet niveau 2 "enseignant"] sont développées dans le cadre même des masters dédiés aux métiers de l'enseignement, signe du caractère indispensable et nécessaire de ces compétences pour exercer aujourd'hui le métier d'enseignant. »

Entre usines à gaz, acronymes incompréhensibles et arguments circulaires, on voit bien à quel point l'institution, ou plutôt les institutions, car on n'hésite pas à en créer de nouvelles *ad hoc*, gesticulent pour démontrer le caractère indispensable de la numérisation de l'école et justifier leur existence.

La DNE (Direction numérique pour l'éducation) fait partie de ces nouveaux dispositifs. Elle a pour mission de proposer des « scénarios pédagogiques numériques » qu'elle stocke sur le site Edubase, accessible aux enseignants et aux inspecteurs soucieux de s'adapter à ce nouveau diktat. Cette

« banque nationale de scénarios numériques » en contient déjà 12 000. Je livre deux exemples à votre sagacité :

Pour la classe de première : création d'une affiche de recrutement de soldats : « Après avoir répondu à quelques questions leur permettant de prendre connaissance du contexte historique, les élèves sont invités à créer une affiche de recrutement de soldats originaires des colonies britanniques durant la Première Guerre mondiale. Ils ont accès – *via* des liens hypertextes – à des exemples de "posters" de cette période, mis en ligne sur le cahier de textes. » « Les compétences visées sont : maîtriser et utiliser des repères chronologiques et spatiaux ; s'approprier les exigences, les notions et les outils de la démarche historique et de la démarche géographique ; adapter les documents à leur finalité ; s'insérer dans le monde numérique. »

On se rend compte qu'il ne s'agit pas là d'instruire les élèves sur cette période de l'Histoire, ce n'est pas en « quelques questions leur permettant de prendre connaissance du contexte historique » qu'on atteindrait cet objectif. Non, la priorité est bien de « s'insérer dans le monde numérique » (un autre monde que le monde réel ?) quitte à tomber dans l'histoire-fiction. Ces affiches de recrutement existent. Pourquoi ne pas les étudier ?

En classe de cinquième : enregistrer un podcast pour le blog du collège, « 17 objectifs pour sauver le monde ». Problématique de la leçon : « Quelles [*sic*] sont les objectifs de développement durable fixés par l'ONU pour 2030 ? Pourquoi peuvent-ils sauver la planète ? Comment agir pour les atteindre ? »

« Compétences visées : s'informer dans le monde du numérique ; trouver, sélectionner et exploiter des informations ; coopérer et mutualiser ; utiliser les outils numériques de réalisation collective ; pratiquer différents langages. »

Aucune connaissance n'est visée. Aucune. Le sujet est très « engagé ». Il s'agit uniquement de répondre à deux questions orientées sur la pertinence du programme de l'ONU concernant le développement durable. Perte de temps totale pour des élèves de cinquième dont on sait qu'ils n'ont pour la plupart aucun repère géographique, politique et historique. Il s'agit de « favoriser l'oralité dans le domaine de l'histoire-géographie grâce aux outils numériques » comme les concepteurs de ce « scénario » l'expliquent sur le site Edubase.

On peut citer encore « mener un débat d'acteurs à plusieurs échelles sur un accident technologique » (classe de seconde), « Qui sont les héritières d'Hubertine Auclert ? [militante féministe française] » (classe de quatrième), « L'oral pour amener tous les élèves à décrire, raconter et synthétiser la vie au XIXe siècle avec le numérique » (classe de CM2), « De l'escape game à l'expression orale : scénario pédagogique visant à sensibiliser aux enjeux liés à l'alimentation (agriculture responsable, commerce équitable et équilibre alimentaire) à travers la projection d'un film suivie de la participation à un jeu d'évasion. L'expression orale des élèves est ensuite permise grâce à la création et au partage de Slams sur un mur collaboratif » (filières techniques)… Il y en a des dizaines comme ça ! Il va de soi que l'équivalent existe pour les enseignants de primaire, sous le nom de Prim à bord.

Illusions perdues

Les conclusions du rapport PISA[2] 2015 sont formelles : lorsque les technologies numériques sont utilisées en classe, leur incidence sur la performance des élèves est mitigée dans le meilleur des cas. Loys Bonod, professeur de lettres à Paris, a étudié les résultats de ce classement : les pays les moins outillés pour le numérique en classe, alors même qu'ils sont très technophiles, comme la Corée du Sud, le Japon, l'Estonie, sont ceux qui ont les meilleurs résultats.

En 2015, un élève qui sortait du collège avait reçu 600 heures de moins de français qu'en 1976, soit l'équivalent de deux années de collège[3]. Ces heures d'informatique ou, moins directement, de recherche, de communication, de développement des compétences technologiques doivent bien être prises quelque part. L'idée que les enfants n'ont plus besoin de stocker des connaissances puisqu'il leur suffira, comme nous le faisons chaque jour, de les chercher sur Google ou sur Wikipédia est très largement répandue chez les enseignants aujourd'hui. Une dramatique illusion.

Au début de son année de CE2, mon fils a dû apprendre une leçon de sciences sur « le vivant ». J'ai découvert, collé de travers dans un petit cahier bleu sans titre ni page de garde, un texte d'une quinzaine de lignes truffé de fautes d'orthographe : j'ai dénombré deux erreurs d'accords (verbe-sujet, adjectif-nom), une erreur de majuscule et noté qu'il manquait plusieurs virgules pour que le texte ait un sens. J'ai pris rendez-vous avec l'une des deux enseignantes qu'il subissait cette année-là pour lui demander une explication. Elle m'a répondu très tranquillement :

– Oh, vous qui êtes enseignante, vous savez bien ce que c'est de récupérer des leçons sur Internet.

J'en ai déduit que non seulement elle ne prenait pas la peine de concevoir ses cours elle-même mais qu'en plus elle ne relisait pas ce qu'elle distribuait aux enfants. Voilà comment je me suis retrouvée à épargner à mon fils l'apprentissage des leçons données en classe pour les remplacer par mon propre enseignement.

Au début de son année de CM1, il a dû consacrer une partie de ses vacances de Noël à la préparation d'un exposé sur le « Royaume-Uni et Londres ». Le maître n'a fourni aucune méthode ni document, considérant que les recherches devaient être faites à la maison. Il a exigé un plan, une affiche et un PowerPoint... Quel enfant de neuf ans est capable de réaliser seul un PowerPoint ? Et quel est l'objectif pédagogique poursuivi ? Mon fils devait rédiger une introduction, une conclusion, organiser ses idées dans un plan et présenter le tout à l'aide d'un logiciel utilisé en clientèle. Aucune de ces compétences ne lui a été enseignée. L'aveuglement de certains enseignants les conduit à penser qu'un jeune enfant, laissé seul devant des outils numériques, saura les mettre à profit pour acquérir des connaissances après les avoir recherchées, triées, rangées, exprimées. C'est insensé ! La seule chose qu'il ait apprise au passage est que sa mère l'aiderait à se sortir de ce mauvais pas pour ne pas le compromettre aux yeux de son enseignant et de ses camarades.

Avec mes premières classes, je me suis soumise à ces nouvelles injonctions, comme presque tous les professeurs frais émoulus. À l'époque, je n'avais pas de TNI ni même d'ordinateur en classe mais je demandais à mes élèves de faire des exposés, notamment en histoire, sur le XIXe siècle. J'avais une liste de thèmes : la révolution industrielle, l'art au XIXe siècle, la colonisation, les inventions, etc. À ma grande déception, la plupart de mes élèves arrivaient avec une feuille directement sortie de l'imprimante et me lisaient le paragraphe ou l'article Wikipédia correspondant au sujet donné. En réalité, faire une recherche, que ce soit dans des livres ou sur Internet, suppose d'avoir déjà stocké un grand nombre de connaissances. Celles-ci permettent de trier, de hiérarchiser, de réagréger, bref : d'analyser et d'arranger les informations récoltées pour les adapter aux objectifs de la recherche. On ne traite pas les informations de la même façon pour présenter un exposé de dix minutes ou pour nourrir un travail collectif sur un personnage historique, par exemple.

J'ai en partie réglé le problème en exigeant de mes élèves qu'ils soient en mesure d'expliquer absolument tout le vocabulaire qu'ils employaient. Je me souviens d'un exposé sur la révolution industrielle dans lequel l'élève avait successivement employé les mots « laborieux » et « capitalisme ». Il lisait clairement devant moi, sans même avoir pris la peine de le recopier, un article glané sur Internet consacré à cette période du XIXe siècle. Je lui ai demandé de définir les deux termes rapidement. Comme j'avais prévenu de cette nouvelle règle, j'ai interrompu l'exposé et demandé qu'il le prépare à nouveau pour la semaine suivante. La seconde version était claire et courte, bien plus intéressante. Sur les conseils de son grand-père, il avait fait ses recherches à la bibliothèque municipale. Je n'emploie pas de mots que je suis incapable d'expliquer. Je leur demande de faire de même. Mais l'acquisition de vocabulaire est bien une affaire de connaissances et non de compétences. Comprendre ce qu'est une forge ou un métier Jacquard n'a rien à voir avec le fait de « savoir faire une recherche sur Internet* ».

Les thuriféraires du Dieu numérique officient en premier lieu dans les centres de formation pour enseignants. L'une de mes jeunes collègues m'écrit un soir, terminant une séance de formation : « On ne nous présente rien d'autre que les méthodes numériques, les autres méthodes sont considérées comme désuètes et inefficaces. Avec le travail de groupe, ce sont les deux grandes idéologies véhiculées ici en permanence. » Pourtant, l'idée d'instruire par ordinateur est tout à fait illusoire. L'instituteur n'est pas un répétiteur, il enseigne aussi par son autonomie et par son désir. Il ne peut le faire que parce qu'il peut juger de l'opportunité de telle ou telle activité, de telle ou telle parole. Sa singularité fait partie intégrante de son enseignement. Il faut n'avoir jamais enseigné pour imaginer que l'*intuitu personae* ne compte pas dans le succès des élèves, qu'il s'agit de faire un discours. Ensei-

---

* Aujourd'hui, je ne demande plus aux élèves de faire des exposés. S'ils le souhaitent, ils m'en proposent et nous avisons ensemble de l'opportunité de se lancer dans cette entreprise. Il me semble que cet exercice a davantage sa place au collège ou au lycée, quand les enfants ont déjà des bases solides.

gner, c'est parler à chacun des élèves présents dans une classe, pas à un groupe indifférencié. C'est savoir que Jordan est un peu sourd de l'oreille droite, que Caroline n'est pas concentrée car elle vient d'avoir un petit frère et que Léonie sait déjà résoudre des équations, qu'il faut la solliciter pour en faire profiter les autres. J'ose le dire : il y a de l'amour là-dedans.

Le grand philosophe et pédagogue du XVIIe siècle Comenius rêvait de « transformer l'école en un lieu de joie et de bonheur ». Les pédagogues actuels ont interprété cela comme la nécessité de bannir l'effort. Leur école est celle de Pinocchio, où maîtres et élèves seraient les pantins des idéologies du moment, les clowns les uns des autres. Avec le pinceau numérique, on « glitterise » l'école, mais qu'en reste-t-il au fond ?

3

Du Bellay ? Vous n'y pensez pas !

À l'école, l'exigence est souvent reléguée au rang des curiosités historiques et le bon sens est devenu ringard. Une garderie n'est pas là pour développer l'ambition des enfants mais pour les occuper agréablement en délestant les parents afin qu'ils se consacrent à des sujets plus importants, comme la certification de comptes ou le calcul d'indices sociaux.

Nous sommes plongés dans les aventures de Thésée… Vous savez, ce héros grec, roi mythique d'Athènes, qui libère la Crète du Minotaure, terrible monstre mi-homme mi-taureau enfermé par son père dans le labyrinthe de l'architecte Dédale. Récit riche en rebondissements et à la descendance féconde, en littérature, en peinture, au cinéma, jusque dans les jeux vidéo contemporains, de World of Warcraft à Assassin's Creed, en passant par Dofus. La mythologie rencontre toujours un grand succès.

Nous terminons la lecture commencée lors de la séance précédente. Nous sommes en 2004. Je viens de débuter dans le métier. J'ai une classe de CM1 dans une agréable banlieue résidentielle de l'Est parisien. Je reçois la visite d'une inspectrice de l'Éducation nationale. Visite impromptue, ce qui arrive très rarement. C'est mieux. Cela m'épargne l'angoisse qui saisit tout enseignant à l'idée de faire classe devant un représentant du ministère.

J'ai prévu huit questions destinées à évaluer la compréhension des élèves. Ceux-ci ont participé avec enthousiasme, visiblement emballés par cette histoire épique. L'inspectrice passe une heure avec nous avant de me convoquer pour l'entretien. C'est le déroulement classique d'une inspection. Elle me cueille froidement, alors même que je suis convaincue d'avoir passé le cap haut la main. Il me semble qu'ils ont tous terminé le travail et que leurs réponses prouvent qu'ils ont bien compris le texte.

– Comment vous êtes-vous assurée que l'élève du fond, là, celui qui se balançait sur sa chaise…

– Driss ?

– Oui, voilà, comment vous êtes-vous assurée qu'il avait tout compris ? Moi, je vous dis qu'il n'a rien compris. Si vous les aviez mis en groupes de trois ou quatre, ils auraient pu s'entraider. Pour des élèves de CM1, deux ou trois réponses écrites, c'est le maximum. Sinon, ils décrochent. De toute façon, une séance d'une heure sans transitions, sans moments de relaxation, c'est beaucoup trop long ! Faites-les se lever, bouger les doigts et les orteils au moins.

– Ah ?… Vous pensez que bouger les orteils les rendra plus sensibles à la beauté du texte ?

– Non, cela les remettra en projet. Et puis tout ce travail à la maison que vous leur donnez… La directrice est au courant ?

– Je leur demande d'apprendre des leçons et de faire

un exercice d'application en général. Je donne le travail une semaine à l'avance. Ils ont le temps.

– Mais j'ai vu un sonnet de Du Bellay, c'est trop long pour des enfants de cet âge et bien trop compliqué !

– « Heureux qui comme Ulysse » ? Ils adorent ! Les premiers ont récité ça ce matin, ils m'ont impressionnée. Nous l'avions bien expliqué en classe et vous avez vu : je leur ai donné des bases de versification. Les alexandrins n'ont plus de secret pour eux…

– Madame, vous n'écoutez pas ce que je dis : vous donnez trop de travail, c'est trop compliqué. Je suis obligée d'en parler à votre directrice.

Je passe la soirée à me ronger les sangs. C'est sûr : je serai tancée telle une petite fille, virée même.

Le lendemain matin, à la machine à café, la directrice s'adresse à moi en souriant :

– La prochaine fois, préparez votre inspection, nettoyez les agendas, sélectionnez les cahiers et prévoyez un travail de groupe, c'est ça qu'ils aiment.

En résumé : jouez la comédie.

Lorsqu'on interroge les jeunes gens sur leurs motivations à devenir enseignants, hormis quelques fatigués de naissance qui évoquent des grandes vacances, la grande majorité répond qu'elle a envie de « transmettre sa passion », de « faire la différence dans la vie des enfants » ou encore « de voir leurs visages s'illuminer lorsqu'ils comprennent ». Comment pourraient-ils imaginer que leur employeur leur interdira de transmettre autre chose que des *soft skills* ou des « compétences », qu'on leur reprochera, ainsi que l'a fait cette dame, de donner des poèmes classiques et trop longs (quatorze vers…), de leur apprendre ce que sont des rimes riches ou léonines, et de ne pas se consacrer uniquement à « l'élève du fond qui se balance » ? Comment pourraient-ils savoir qu'une administration d'État va tout faire pour les dissuader de faire ce pour quoi ils sont payés ? Plongés dans les eaux tièdes des INSPÉ (Instituts nationaux supérieurs du professorat et de l'éducation), découragés, désorientés, démotivés, ils seront nombreux à renoncer. Les autres finiront par se convaincre qu'ils ont pour vocation de corriger les inégalités. Entre ça et la schizophrénie…

Les enfants sont supposés capables d'apprendre sans guide, sans tuteur, juste par la mise en contact avec les connaissances. Enseigner revient alors à contrevenir à leurs prédispositions naturelles, à les empêcher de développer leurs propres méthodes. Tout ce qui faisait l'efficacité de l'enseignement des écoles catholiques et même des débuts de la IIIe République a été peu à peu abandonné : la progressivité, l'exercice, l'accumulation de savoirs, l'apprentissage par cœur de certaines connaissances utiles pour bâtir les suivantes et développer sa mémoire.

Le psychologue américain Jerome Bruner énonce : « Il me semble hautement improbable que, d'un point de vue biologique, on puisse s'attendre à ce que chaque organisme redécouvre la totalité de sa culture[1]. » En pratique, quand les programmes proposent de concevoir des affiches de campagne ou de promouvoir des pratiques écologiques, on ne peut pas dire qu'ils permettent aux élèves de s'approprier les grands progrès et grandes découvertes de l'humanité :

les langues, les nombres, l'Histoire et les grandes règles de la nature.

Quel peut bien être l'objectif de l'institution ? Pourquoi entretient-elle tant de confusion ? Est-ce du cynisme ou de la bêtise ?

Quoi qu'il en soit, les instructions officielles, familièrement dénommées IO par les enseignants, qui font la pluie et le beau temps dans le système éducatif français, placent très clairement les compétences avant les connaissances. Prenons l'exemple des IO concernant le cycle 2, dit « cycle des apprentissages fondamentaux », qui regroupe les années de CP à CE2. Dans le domaine « Questionner le monde », supposé correspondre, après inflation des titres, à peu près aux domaines auparavant intitulés « histoire et géographie » et « sciences naturelles », on peut lire : « Dès l'école maternelle, les élèves explorent et observent le monde qui les entoure ; au cycle 2, ils vont apprendre à le questionner de manière plus précise, par une première démarche scientifique et réfléchie. » Les élèves vont apprendre à questionner le monde ? Mais quelles réponses vont-ils recevoir ? Quel contenu ? Les élèves viennent à l'école avec l'espoir d'apprendre, pas de « questionner ». Si un enfant de sept ans pose des questions, ce sera après avoir lu, vu, entendu quelque chose. Et il les posera à un adulte, pas au monde.

Poursuivons. La rubrique « Compétences travaillées » regorge de phrases vides et lénifiantes. Florilège : « Pratiquer, avec l'aide des professeurs, quelques moments d'une démarche d'investigation », « Découvrir des outils numériques pour dessiner, communiquer, rechercher et restituer des informations simples », « Utiliser et produire des représentations de l'espace », « Mettre en pratique les premières notions de gestion responsable de l'environnement par des actions simples individuelles ou collectives ("éco-gestes") : gestion de déchets, du papier, économies d'eau et d'énergie (éclairage, chauffage, etc.) ». Les activités proposées sont presque toutes basées sur l'étude de documents afin que les élèves se comportent en véritables petits historiens qui « mènent l'enquête ». Ils sont censés déduire leur cours d'histoire de ces documents. Il y a bien un moment où l'on fait référence à la frise chronologique mais il s'agit d'y situer des événements vécus ou non dans la classe, l'école, le quartier, la ville, le pays, le monde. On ne cite aucun roi, aucun personnage, aucun événement. La démarche historique proposée reste essentiellement thématique. Il s'agit de comparer des modes de vie, des coutumes, des vêtements.

Dans son livre *7 contre-vérités sur l'éducation*[2], Daisy Christodoulou décrit la situation de ces pauvres élèves à qui l'on n'a jamais rien enseigné de peur de les rendre passifs. Ils se trouvent « bloqués dans un scénario digne de la poule et de l'œuf : incapables de travailler de façon indépendante car ils n'ont pas les connaissances préalables nécessaires mais incapables d'acquérir ces connaissances préalables car ils passent leur temps à travailler de façon indépendante ».

J'ai pourtant vu des classes entières vibrer au récit de la fuite à Varennes de la famille royale. J'ai ressenti leur émotion au moment où la voiture est arrêtée et le roi Louis XVI démasqué. J'ai bien précisé « au récit », pas à l'étude de documents ou à la préparation d'exposés. Des enfants de dix ans m'ont remerciée de leur avoir demandé d'apprendre trente-six alexandrins extraits de « L'Expiation » de Victor Hugo. Ils prenaient cet air grave des petits lorsqu'ils savent que c'est du sérieux, qu'on leur a fait confiance, qu'il va falloir « assurer » pour réciter en pesant et comprenant chaque mot :

Pour cette immense armée un immense linceul.
Et chacun se sentant mourir, on était seul.
– Sortira-t-on jamais de ce funeste empire ?
Deux ennemis ! le czar, le nord. Le nord est pire.

Les élèves aiment l'Histoire qu'on leur raconte, ses guerres, ses trahisons, ses passions. Ils s'émeuvent, rient, imaginent et voyagent. Il faut voir les expressions se dessiner sur leurs visages lorsqu'on évoque la Fronde. Il faut les observer si attentifs à la lecture de Kessel ou de Saint-Simon, avides de mots compliqués, de second degré et de métaphores. Ils aiment qu'on leur transmette ce patrimoine. C'est un acte de respect et d'amour.

De quel droit les ministres successifs et leurs valets ont-ils appauvri les programmes au point d'en extirper toutes les beautés ? Quel maoïsme les possède au point de refuser à leurs propres enfants la grande culture et la connaissance ? Ah non, j'oubliais : au fait de leurs propres méfaits, ils scolarisent leurs enfants, comme notre actuel ministre, dans des écoles privées où l'exigence est encore de mise.

Si l'appel à la révolte est prohibé, l'indifférence ne l'est pas encore. Les bons enseignants ignorent les péroraisons des programmes car ils ne servent d'autre dieu que le savoir. Ils travaillent, prennent soin de leurs élèves et ont ainsi le bonheur indicible de croiser leurs regards étincelants de curiosité et d'intelligence. Ils savent que leur faim de comprendre est insatiable, leur désir d'apprendre sans limites. Ils ignorent les grimaces et les contorsions ridicules de l'hydre institutionnelle. Ils sont fiers, heureux et libres car ils savent la chance qu'ils ont d'exercer le plus beau métier du monde !

4

L'éducation sexuelle, cheval de Troie de la théorie du genre

« Nous devons parler de sexualité à l'école », a affirmé le ministre de l'Éducation, Pap Ndiaye, lundi 12 septembre 2022 sur France Info. Lui emboîtant le pas, Sylvie Pierre-Brossolette, la présidente du Haut Conseil à l'Égalité entre les femmes et les hommes (HCE), a plaidé devant l'Assemblée le lendemain pour le renforcement de l'éducation sexuelle à l'école. « Il faut s'y prendre le plus vite possible, dès le primaire, il y a des enseignements à faire, adaptés à chaque âge, pour que dès l'enfance, l'égalité, le respect, le consentement soient intégrés dans les psychologies. »

Cette dernière phrase est particulièrement inquiétante : l'école va ouvrir le cerveau des enfants pour « intégrer » des choses « dans leurs psychologies ». Je les visualise, tous ces psys, ces responsables d'associations, avec des outils de trépanation en train de bourrer des petites têtes aux yeux fixes d'injonctions comme « Déconstruis les stéréotypes », « Respecte les filles », « Égalité *über alles* »... L'angoisse ! La garderie se transforme soudain en laboratoire d'expérimentations *in vivo*.

Ils ont les textes avec eux : les programmes disposent que l'éducation à la sexualité est obligatoire à raison de trois séances par an du CP à la terminale. Trente-six séances. Quand même ! Sans compter les multiples incitations de l'Éducation nationale à « travailler sur l'égalité des sexes » à travers d'autres matières. En histoire : les femmes dans la guerre ; en français : les écrivaines ; en sciences : pourquoi les femmes scientifiques sont-elles invisibilisées ?

Puisque l'école est considérée comme un domaine régalien en France et qu'elle doit dispenser trente-six séances d'éducation sexuelle à chaque élève du CP à la terminale, l'éducation sexuelle des petits Français devient, de fait, un domaine régalien.

Le prétexte tout trouvé est la « lutte contre les inégalités de genre ». Sous couvert de promouvoir l'égalité entre les filles et les garçons et de lutter contre les violences faites aux femmes, armé de chiffres massues (il y a 75 millions de grossesses non désirées dans le monde, 81 % des femmes ont déjà été harcelées dans un lieu public en France...), on impose à tous les gamins dès le CP de parler de sexe à l'école. Le domaine le plus intime de la vie privée est aujourd'hui entre les mains de l'État.

L'une de mes jeunes collègues m'a raconté il y a peu le sujet de l'un de ses oraux au concours de professeur des écoles : « En classe de moyenne section, vous remarquez que les garçons jouent aux voitures et les filles à la dînette : comment résolvez-vous ce problème ? » Elle m'a avoué avoir immédiatement pensé : « Mais quel problème ? », avant de se résoudre à jouer le jeu et de proposer des pistes pour remédier à cette affreuse situation ! C'est ce que font tous les enseignants de peur de ne pas plaire à l'institution et jusqu'au moment où, à force de participer à contrecœur, ils finissent par ne plus mettre en question ces pratiques. Mais qui peut voir un « problème » dans le fait que des fillettes jouent à la poupée ? Dans quel esprit malade l'idée qu'elles ne pourront pas devenir pilotes de chasse parce qu'elles aiment jouer à la dînette peut-elle germer ? Qui peut croire qu'un garçon de quatre ans deviendra un horrible macho parce qu'on ne lui a pas retiré sa bétonnière miniature ? Dans quel pays cette question peut-elle être posée à un candidat à l'enseignement plutôt que des questions portant sur sa maîtrise des disciplines enseignées ?

Dans les écoles de France aujourd'hui, de nombreux exercices et problèmes sont conçus pour « faire vivre », ou « explorer », l'égalité des sexes. Et pour cause : comme on l'a vu, il s'agit d'une exigence des programmes. Les sites de l'Éducation nationale et des académies regorgent de ressources en tous genres visant à accompagner les enseignants dans ce sens.

Fabrication de preuves !

Le ministère en est même à inventer de faux énoncés de problèmes pour prouver que les discriminations existent en mathématiques aussi ! Il a ainsi publié une fiche destinée aux enseignants, intitulée « Séquence 4 : résolution de problème et éducation à la sexualité ». On y propose de distribuer l'énoncé suivant aux élèves : « Aujourd'hui, c'est soirée foot. Bastien et son père s'installent devant la télé, pendant que Nina et sa mère préparent des crêpes pour toute la famille. Voici la recette [...] » L'objectif annoncé est de « conclure avec les élèves qu'il s'agit bien là de ce qu'on appelle des stéréotypes de sexe : clichés sur les filles et les garçons, caractérisation schématique d'un groupe qui s'appuie sur des attentes et des jugements et que chaque personnage des énoncés joue un rôle sexué : acte ou comportement attribué socialement au sexe féminin ou masculin. On gardera une trace écrite de ces deux définitions. Indiquer aux élèves que dans la prochaine séance, il s'agira de réécrire ces problèmes en évitant ces stéréotypes ».

Le problème est que cet énoncé, que l'on peut trouver sur le site Éduscol dans la rubrique « Éducation à la sexualité[1] », n'existe nulle part ailleurs... Il a été créé de toutes pièces par des fonctionnaires du ministère pour prouver que les stéréotypes subsistent malgré les efforts entrepris depuis tant d'années. Aucun éditeur n'oserait aujourd'hui publier ce type de texte. Les comités de rédaction ne laisseraient jamais passer ça, à juste titre.

Fabrication de preuves, ça va chercher dans les combien ?

Le roi est nu

L'aîné de mes fils a passé son année de CE2 à l'école publique. Habituellement il ne raconte pas grand-chose de ce qui se passe en classe. Un soir, pourtant, il est venu spontanément se confier sur son dernier sujet d'expression écrite, comme on dit depuis que la bonne vieille rédaction jugée trop contraignante a été reléguée au rayon antiquités. Il se tortillait un peu, visiblement mal à l'aise.

– Maman, la maîtresse nous a demandé : « Que ferais-tu si tu changeais de sexe ? »

Interdite, je lui ai demandé comment il s'en était sorti.

– J'ai juste écrit : « Je hurlerais très fort et je me couperais les cheveux tout le temps. » J'ai trouvé ça dégoûtant, maman, et je me suis senti ridicule.

Consciente de sa propension à trafiquer les faits, j'ai vérifié ses dires auprès de ladite maîtresse, qui était aussi la directrice de l'école, lui demandant par la même occasion de m'expliquer quels étaient les objectifs de ce travail. Il s'agissait – j'aurais dû m'en douter – de « développer l'empathie » et de « favoriser le respect entre garçons et filles ainsi que des relations égalitaires ». Objectif manifestement non atteint par mon rejeton qui persistait à trouver l'émasculation, même imaginaire, dégradante. L'opération de rééducation avait lamentablement échoué ! Et puis quoi : l'idée est-elle de dire aux petites filles : « Compte sur l'empathie des hommes pour réussir, plus que sur tes propres talents » ? L'école est-elle là pour développer l'empathie ? Bientôt, tel Saint-Just, elle décidera de nos amitiés et nous obligera à les déclarer à un Comité au temple pour le bien public. La gêne qu'a ressentie mon fils ne lui est pas propre. Il y a beaucoup d'enfants pour qui parler de sexualité ou même d'identité est très gênant, voire violent. Par ailleurs, comme l'a très justement souligné Jean-Paul Brighelli à la suite de la polémique provoquée par les ABCD de l'égalité de Najat Vallaud-Belkacem : « L'égalité ne se décrète pas et ne s'enseigne pas[2]. »

Est-il nécessaire de demander à un enfant de huit ans

de s'imaginer changer de sexe pour lui faire comprendre l'égalité de droits qui existe entre une petite fille et lui ? L'éducation de la très grande majorité des enfants se fait actuellement dans le respect total de chacun des sexes. Parler de sexualité à un enfant sans qu'il ait posé de questions peut être d'une grande violence. Si la maîtresse avait proposé à sa classe de chercher les raisons pour lesquelles il est bon de respecter autrui dans ses différences, le travail de réflexion aurait pu s'opérer. Dans le cas présent, elle a provoqué chez certains enfants un rejet même de l'exercice. Mon fils ne peut pas à son âge s'imaginer dépossédé de ses attributs masculins. Faut-il lui en vouloir, ou plutôt aux adultes incapables de comprendre qu'ils violent son imaginaire ?

Je pense à ce conte que vous connaissez tous, *Les Habits neufs de l'Empereur*. Dans un pays imaginaire, un empereur, très respecté de ses sujets, se laisse berner par des marchands de tissus précieux. Il désire plus que tout briller devant son peuple et demande aux escrocs de lui confectionner le plus beau des costumes. Ils lui font croire qu'ils l'habillent mais, en réalité, l'Empereur est nu. N'osant pas signaler qu'il ne voit pas le tissu, de peur d'être le seul, il accepte de sortir ainsi. Le peuple, craintif, l'acclame malgré l'évidence de la supercherie, jusqu'à ce qu'un enfant dans la foule crie : « Mais il est nu ! ». Les adultes, comme cet empereur, ne veulent pas voir qu'ils se font avoir par des théories fumeuses. Pris dans leur lâcheté et leur relativisme, habitués à obéir au pouvoir en place, ils appliquent des directives, des programmes, sans se demander quels en sont les objectifs. Et soudain, un enfant, refusant d'être pris au piège de ces mensonges et ne mesurant pas le risque qu'il encourt à dire la vérité, pointe les adultes du doigt : « Vous mentez mais je refuse de mentir avec vous, je refuse d'être contaminé par votre folie ! ».

Malheureusement, il ne suffira pas que les enfants se rebellent car, nous allons le voir, l'Éducation nationale va beaucoup plus loin encore.

Un soir de novembre, les élèves de troisième du collège Léonard-de-Vinci à Saint-Aubin-de-Médoc, en Gironde, remettent à leurs parents une demande d'autorisation de sortie scolaire : le professeur de sciences de la vie et de la Terre les emmènera visiter l'exposition « Tous les garçons et les filles », organisée par l'association Les Petits Débrouillards à la médiathèque de la ville voisine. Curieux de savoir ce que cache ce titre énigmatique (une exposition sur Françoise Hardy ? Sans doute pas…), certains parents prennent le temps d'investiguer. Quelle n'est pas leur surprise en découvrant le programme proposé par la médiathèque du Taillan-Médoc, renommée « sexothèque » pour l'occasion !

Il y est d'abord précisé que l'exposition s'adresse aux enfants à partir de onze-douze ans. Sous le titre « Fais ton sac », les organisateurs les invitent à « réfléchir au genre et à ses représentations ». Le thème « Liberté, égalité, sexualité » est illustré par une « Liberté guidant le peuple » barbue, accompagnée d'un gavroche aux cheveux longs brandissant des préservatifs. Quant à la rubrique « Clito mon amour », elle promet qu'il n'y aura « plus de tabou ! ». Neuf affiches abordent la « question spécifique du genre, de ses représentations, ses impacts dans la vie quotidienne ». Les organisateurs précisent que « la question du rapport entre sexe et genre ne se limite pas aux aspects biologiques, mais évoque aussi des pratiques culturelles, linguistiques et philosophiques » et que « notre personnalité est avant tout une construction sociale et culturelle ». Ce discours s'apparente à celui des fameux wokes, qui affirment que nos sens nous trompent lorsqu'ils nous indiquent que nous avons affaire à un homme ou à une femme et que chacun d'entre nous peut décider d'être ce qu'il veut. Et pour cause ! Elle est bien sûr validée par un « comité scientifique », titre ronflant pour une collection de « sachants » pour le moins orientés : on peut y trouver Arnaud Alessandrin, sociologue à l'université de Bordeaux, spécialiste LGBT et en particulier de la « transidentité ». Sa thèse portait sur… le transsexualisme. Il est accompagné de Brigitte Esteve-Bellebeau (joli nom inclusif…), avec laquelle il a signé un livre sur le genre en 2014, et d'Édith Maruéjouls, experte de l'égalité de genre dans l'espace. Sur une table, à l'entrée de la « sexothèque », *Chattologie* : un « essai menstruel avec des dessins dedans »… Faisons preuve d'autant d'imagination pour véritablement instruire les élèves et nous caracolerons vite en tête du classement PISA.

En mars 2022, l'Institut national supérieur du professorat et de l'éducation de Lille a déployé sa programmation « Culture & Recherche sur la thématique de la lutte contre les LGBTQIA+phobies ». De nombreux militants associatifs extérieurs à l'institution ont été invités à s'exprimer. La journée du 30 mars a été entièrement consacrée à une « formation contre l'homophobie et la transphobie » à destination des futurs enseignants et des futurs conseillers principaux d'éducation : comment « aborder la transidentité en classe », comment répondre aux demandes des élèves qui veulent être désignés par le pronom « iel ». Dans le guide fourni à cette occasion, on propose aux petits garçons de montrer leurs émotions en assumant de pleurer (sous-entendu « comme une fille ») et aux fillettes de se bagarrer (sous-entendu « comme un garçon »). Rien de tel pour renforcer les clichés… Les groupes de travail égalité académiques se multiplient, on y recrute des référents, des experts, des consultants…

Constant, Pap Ndiaye a tweeté le 9 novembre 2022 : « Je fais de l'éducation à la sexualité une de mes priorités. Je m'engage pour que l'on puisse en mesurer les progrès ». Il assure que l'égalité entre garçons et filles en dépend. Comment mesure-t-on les progrès de l'éducation sexuelle à l'école ? Nombreux sont les parents qui préféreraient que l'école ne parle pas de sexe ni de genre. D'abord parce qu'ils estiment être les premiers éducateurs de leurs enfants et souhaitent que l'école mène prioritairement à bien sa mission d'instruction. Ensuite, et on peut le constater très clairement dans la petite affaire évoquée ci-dessus, parce que les associations auxquelles est confiée l'éducation sexuelle outrepassent souvent leur mission initiale, à savoir la prévention des infections sexuellement transmissibles, des grossesses non désirées, des comportements homophobes, des violences sexuelles et l'éducation à l'égalité des sexes. En admettant que l'éducation sexuelle soit du ressort de l'école, encore faut-il s'assurer de ne pas la laisser à des associations aux visées idéologiques évidentes.

Cela fait déjà longtemps que l'Éducation nationale s'est emparée de la notion de genre, dont la pertinence fait pourtant débat parmi les scientifiques. Même Jean-Michel Blanquer a fait sienne cette rhétorique. La circulaire du 29 septembre 2021 « Pour une meilleure prise en compte des questions relatives à l'identité de genre en milieu scolaire » l'atteste. On peut y lire en préambule que « l'école, en tant que service public fondé sur les principes de neutralité et d'égalité, se doit d'accueillir tous les élèves dans leur diversité et de veiller à l'intégration de chacun d'eux ». Le texte affirme que « la transidentité est un fait qui concerne l'institution scolaire » et « parfois dès l'école primaire ». La circulaire estime que « le seul indicateur fiable de l'identité de genre d'une personne, quel que soit son âge, est son autodétermination ». Elle va plus loin encore, disposant que « si l'élève fait seul la démarche d'aborder la question de son identité de genre auprès d'un personnel de l'établissement, une communication avec les représentants légaux ne doit se faire qu'avec son accord explicite ». En clair, les parents ne sont tenus informés que si l'enfant le souhaite. Les psychologues, tout-puissants en la matière, peuvent donc conseiller un enfant sur l'opportunité de commencer une thérapie de conversion sans en référer aux parents. Terrifiant ! Si, en tant qu'adultes, nous pouvons faire l'effort d'appeler Coline celui que nous appelions Colin deux jours avant, demander à de jeunes enfants de ne plus se fier à leurs sens, c'est mettre en danger leurs capacités d'apprentissage. Si toute personne qui prétend être une femme en est une, alors même qu'elle a les attributs d'un homme, à quoi l'enfant peut-il se fier ? Et qu'est-ce qui empêche ensuite cette personne de se décréter nuage ou grille-pain ? Sans langue commune, nous aurons tôt fait de retomber dans la barbarie.

Des enfants désorientés[3]

Ces discours banalisés et officiels prétendant qu'on peut se passer du réel biologique, de la différence sexuelle entre hommes et femmes au profit de singularités choisies fondées sur les seuls « ressentis » de chacun ne sont pas sans conséquences.

En France, les consultations sollicitées pour les enfants transgenres ont augmenté de 30 % en cinq ans. Certains psychiatres commencent à parler de mode, voire de contamination, rappelant que l'enfant est un être en construction. Dans une tribune publiée dans *L'Express*[4], une cinquantaine d'experts dénoncent même la pression dont ils sont l'objet : « Avons-nous (encore) le droit de réagir sans nous faire insulter, menacer ? » interrogent-ils. « Plus personne ne sait comment agir et élever la voix, souvent par crainte de certaines associations LGBTQI+ », regrettent les signataires. Un sigle qui pourtant « recouvre des personnes bien différentes dont certaines s'inquiètent comme nous des dérives actuelles », et souffrent de « la loi du silence qui règne dans ce milieu ». Un exemple en est donné par « le documentaire suédois *Trans Train*, où de jeunes adultes, abandonnés à leur solitude, et menacés en cas de prise de parole publique, déclarent avoir subi des pressions de leur communauté trans dès lors qu'ils ont émis des doutes ou "détransitionné" ».

Observons ce qui se passe ailleurs : aux États-Unis où le phénomène fait rage depuis longtemps, de nombreux enfants et adolescents ayant changé de sexe, encouragés par les médias, leurs parents, les psychologues, le regrettent amèrement aujourd'hui. L'hôpital Karolinska, le plus prestigieux de Suède, premier pays au monde à avoir reconnu les droits des transgenres, ne donne plus d'hormones aux mineurs depuis mars 2021. La Haute Cour de Londres a récemment rendu un arrêt interdisant les traitements de changement de sexe pour les mineurs de moins de seize ans, estimant qu'ils n'avaient pas la maturité pour comprendre les conséquences d'une telle décision. Fort heureusement, de nombreux enseignants usent de leur liberté pédagogique afin de protéger les élèves des obsessions d'autres adultes sans tabous. Et d'ailleurs, quel inspecteur leur collera un blâme pour avoir insuffisamment parlé de clitoris et de transsexualité ?

5

Harry Potter contre La Fontaine : *game over* ?

De nombreux enseignants proposent sur leurs blogs de quoi harrypottériser des classes entières : du tableau de responsabilités à l'escape game en passant par les protège-cahiers et la présentation des exercices de maths, ils déclinent l'univers du jeune sorcier dans tous les domaines. Il paraît que ça motive les élèves. C'est en tout cas ce qu'expliquent les blogs Le Cartable de Séverine, La Classe de Mallory, La Maîtresse de la forêt et bien d'autres. Quant aux élèves de ces classes qui n'apprécieraient pas l'ambiance Halloween à longueur d'année, qui seraient lassés des chauves-souris et des potions magiques, ou qui leur préféreraient l'univers des Schtroumpfs ou l'esthétique manga, ils n'ont qu'à prendre leur mal en patience. Nul doute que leur tour arrivera. L'idée est bien d'amuser les enfants, de customiser les classes à la façon d'un parc d'attractions, « colonie distractionnaire » comme l'écrivait Philippe Muray.

On découvre ainsi sur le site de *La Voix du Nord* qu'il existe une classe Harry Potter à l'école primaire Ronsard de Jeumont. Et les élèves y sont « à fond » assure le journaliste (comprendre : ils sont galvanisés par l'omniprésence du jeune sorcier). Dans une école qui porte le nom de l'un des plus grands poètes français, les élèves s'enthousiasment pour un univers fantastique anglo-saxon, « heroic fantasy », et vivent toute l'année dans un décor de carton-pâte les obligeant à s'immerger dans une culture qui n'est pas la leur. À l'âge où ils devraient apprendre des fables de La Fontaine et lire *Le Petit Poucet*, on les noie dans les brumes de Poudlard. Le site de l'académie de Rennes se félicite également que les élèves de l'école primaire de l'Être, à Saint-Georges-de-Reintembault, soient plongés dans l'univers pottérien durant tout un trimestre, en français, en musique, en arts plastiques... On ne sait pas si la cantine est transformée en manoir hanté et les surveillants grimés en Voldemort mais il semblerait qu'en la matière, l'imagination des enseignants n'ait pas de limites. Internet regorge d'exemples de la sorte, Harry Potter a marabouté l'Éducation nationale.

Entendons-nous bien : je n'ai rien contre J.K. Rowling ! Je suis même très admirative de sa prouesse marketing et ravie de savoir qu'on peut s'enrichir en écrivant des livres. D'autre part, j'apprécie Mme Rowling pour ses prises de position très claires contre le wokisme. Mais les raisons mêmes de ce succès sont celles qui me font douter de leur efficacité à mener nos élèves vers la littérature. D'ailleurs, est-ce encore l'objectif ?

Comme le notait très justement Benoît Virole, romancier et docteur en psychopathologie et sciences du langage, dans *Télérama* : « Le succès de Harry Potter traduit d'abord une tendance lourde à la massification de la culture : il y a une centralisation sur un petit nombre d'objets culturels qui sont consommés de façon massive. Pourquoi cet objet-là plutôt qu'un autre ? Parce que Harry Potter a été conçu, sur le plan sémiotique, d'une façon très particulière. Les chapitres sont courts, centrés sur une dynamique d'action… Puis, celle-ci s'arrête, reprend avec une autre dynamique, s'arrête à nouveau, et ainsi de suite. Cela segmente le processus narratif en modules, comme dans les séries télévisées par exemple[1]. » Et Benoît Virole ajoute : « Le volume important des œuvres de Harry Potter fait illusion : ce ne sont pas des gros livres, ce sont des concaténations d'actions schématiques à l'échelle de chapitres. Ce sont des schémas classiques de mise en attente d'un lecteur face à un dénouement. Sauf que Harry Potter les cristallise et les systématise. Dans la littérature, en général, des dynamiques d'action sont insérées dans des descriptions globales de paysage, de situation, de temporalités… Avec Harry Potter, pas du tout : il y a les bons et les mauvais, la Forêt interdite et Poudlard, etc. La structure profonde, narrative, des livres est centrée sur l'action : cela génère un processus et une dynamique de lecture directe, qui cherche rapidement le dénouement. » Le mot est lâché : illusion. Harry est non seulement sorcier mais aussi illusionniste.

Si certains vainquent avec Harry leur peur d'aller au bout d'un « gros livre », ils n'étendent pas pour autant leurs lectures à d'autres œuvres plus classiques dont la structure est très différente de celle évoquée plus haut. Nos enfants lisent les aventures du jeune sorcier comme ils regardent les saisons de leurs séries favorites, ce qui ne présage en rien de leur capacité à apprécier les descriptions d'un Alexandre Dumas ou la profondeur psychologique d'un personnage de Maupassant. En proposant ce type de lectures à nos enfants, nous les conduisons plutôt vers les romans dédiés aux adolescents – la « teen-litt » – et les séries télévisées.

Est-il vraiment besoin d'un master 2, de longs mois de formation, de stages et de « visites conseils » pour former des professeurs à donner le goût des bonbons à leurs ouailles ? Ces grandes bouchées de tarte au sucre finiront en indigestion.

La littérature bannie des programmes

Harry Potter n'est que l'arbre qui cache la forêt. Tout conspire contre la littérature classique, jugée inaccessible, désuète, bourgeoise, élitiste, non inclusive et j'en passe. Il suffit de fréquenter quelques groupes de professeurs sur les réseaux sociaux pour mesurer l'étendue des dégâts : ils échangent des idées « sympas » de littérature jeunesse contemporaine pour « dédramatiser l'acte de lire ». Ils cherchent des QCM tout prêts pour pouvoir évaluer la compréhension. Mais qu'évalue-t-on à coups de réponses A, B ou C ? La capacité des élèves à intégrer les prédictions statistiques et à déjouer le contrat didactique ?

Que constate-t-on, désolé et un peu coupable, quelques années plus tard ? Que certains lycéens ne comprennent pas une consigne car elle contient le mot « ludique », le comble pour une génération de joueurs ! Que Sylvie

Germain, auteure d'un texte proposé en première filière générale, est conspuée sur les réseaux sociaux au motif que sa prose est trop compliquée. Je vous invite à juger par vous-même, bien sûr, mais je n'y ai vu pour ma part qu'un texte imagé et puissant. Pas de quoi désarçonner un élève de seize ans, ayant normalement acquis la lecture depuis une dizaine d'années donc…

Lors de la Journée défense et citoyenneté de 2020, 78 % des jeunes ont été qualifiés de « lecteurs efficaces ». En d'autres mots, plus d'un jeune sur cinq ne comprend pas correctement ce qu'il lit. À cela s'ajoute la concurrence des écrans, de plus en plus sévère : si les jeunes déclarent passer environ deux heures trente à lire chaque semaine, ils admettent aussi passer plus de cinq heures sur leurs écrans.

Les classiques littéraires ont quasiment disparu des instructions officielles (les « IO » sont l'alpha et l'oméga des inspecteurs. Nul n'est censé les ignorer dans le monde de l'éducation). On leur préfère sans surprise des textes accessibles et engagés, comme le héros professeur frais émoulu de l'excellent roman de Patrice Jean, *Rééducation nationale*[2].

« En consultant les instructions officielles et les manuels de seconde, il constata qu'on privilégiait la poésie engagée, le roman coup de poing, le discours enflammé, l'apologue accusateur. Mille idées jaillirent de son esprit, comme les étincelles d'un grand feu, et son cœur battit à tout rompre, ses yeux s'humidifièrent. Une lumière diaphane tomba de la lucarne de la salle de bains, et, parmi les particules de poussière, une phrase, en lettres noires, apparut dans l'ardent poudroiement : "La littérature est une arme." Il se pressa de la noter sur son carnet Snoopy. »

Le ministère de l'Éducation nationale publie régulièrement des listes d'ouvrages que les enseignants ou futurs enseignants sont incités à présenter à leurs élèves. J'ai eu beau ratisser méthodiquement la dernière liste de référence du cycle 3 à l'aide de mon Ctrl+F, je n'y ai trouvé ni Baudelaire, ni Hugo, ni Molière. En revanche, *Mon prof est un troll* y côtoie *Monsieur Crocodile a beaucoup faim*, *Cascades et gaufres à gogo* et un certain nombre de pièces de théâtre militantes comme *Cent culottes et sans papiers*. Sont considérés comme œuvres classiques les poèmes de Guillevic ou les livres de Roald Dahl. On nage en plein délire iconoclaste. Le même site[3] précise que « en CM1, les élèves doivent lire, au moins, cinq ouvrages de littérature de jeunesse contemporaine et deux œuvres classiques ; en CM2, quatre ouvrages de littérature de jeunesse contemporaine et trois œuvres classiques ». Mais qui a décidé de cela ? En vertu de quoi ? Pourquoi ne pas privilégier les œuvres du patrimoine pour systématiquement favoriser la littérature contemporaine ? On a beau jeu de se plaindre ensuite de l'absence de culture des élèves.

Pour vous donner un aperçu, voici un extrait de *Drôle de samedi soir !* qui fait un tabac dans les classes de CM1 : « Deux raisons pour lesquelles Dave pouvait ne pas se sentir en forme. C'était, soit que l'un des flics de l'avenue lui ait collé une amende pour stationnement interdit, soit que son équipe favorite de football ait pris une dérouillée. » Dave est le père de Harp, dix ans, sorte de héros du quotidien qui fume des cigarettes en se gavant devant la télévision. Le livre est farci de franglais et de tournures familières. Devant des récits de ce niveau, Quasimodo, Gwynplaine et Milady n'ont qu'à bien se tenir.

Inspecteur Bourdieu

Au lieu de combattre l'ignorance, l'école lutte contre les inégalités en privant délibérément les élèves de culture classique.

La seule « œuvre complète » qu'on ait demandé à mon fils de lire lorsqu'il était en CE2 s'intitule *Pas touche à Charly !*. Elle lui a été distribuée photocopiée (« Il faudrait que le livre pèse un gros poids d'objet et de chair », disait Camus). Après avoir collé la liasse de feuilles dans un petit cahier jaune, nous avons découvert effarés l'histoire d'un « SDF » arrêté par « les flics » (les mots entre guillemets sont ceux du texte de Mymi Doinet) mais auquel une bénévole des Restos du cœur vient heureusement en aide. On apprend plus loin que Gustave est tombé dans la misère à cause de l'avidité et du manque de reconnaissance de son patron. Évidemment. Le livre tente de tenir le lecteur en haleine grâce au fameux Charly mentionné dans le titre et que Gustave craint d'avoir perdu dans la rafle. Personne ne sait qui est Charly jusqu'au dernier chapitre dans lequel l'auteur nous révèle enfin qu'il s'agit… d'un chariot de supermarché. Dans toute la littérature française, entre Hector Malot et Jean Giono, plutôt qu'un Boileau-Narcejac ou un Maurice Leblanc, l'enseignante a pioché un livre truffé de mots grossiers, écrit dans un style indigent et dont le dénouement révèle l'amitié entre un SDF et un caddie. Encore une fois, on se demande pourquoi cela plutôt que rien ?

Il m'arrive d'écouter « Être et savoir », émission de France Culture consacrée à l'école. Celle du 28 novembre 2022 avait pour thème l'histoire politique des livres jeunesse. « Quoi de plus politique que le livre jeunesse ? » attaquait bille en tête la présentatrice, Louise Tourret. L'une de ses invitées, Clémentine Beauvais, « autrice » phare de la maison d'édition féministe Talents Hauts, se félicitait : « Dans *Les Facétieuses*, il y a un vieil historien qui va initier l'héroïne à des questions bourdieusiennes qu'elle n'avait pas considérées jusque-là. » Quelques minutes plus tard, elle s'autosatisfaisait à propos d'un autre de ses ouvrages : « C'est mon œuvre la plus bourdieusienne. » Cette « autrice » est recommandée par l'Éducation nationale pour son ouvrage *La Plume de Marie*.

Pour rappel, Bourdieu est l'inventeur de la notion de violence symbolique que les dominants, ou bourgeois, exerceraient contre les dominés (ouvriers). C'est un discours marxiste, de lutte des classes, empreint de fatalisme et d'aigreur, à l'opposé de la littérature, qui, elle, sert à montrer le monde, amoureusement, à le dévoiler pour le rendre désirable et admirable. Face à la singularité, en panne de concepts, lorsque aucune définition, aucune philosophie ne permet de rendre compte de la réalité, l'artiste prend ses pinceaux, son violon ou son langage articulé pour essayer de décrire le monde et les hommes, en vérité, sans essayer de les transformer.

Mais cette vérité complexe, nuancée, a-t-elle encore sa place dans une école dont la figure tutélaire est Pierre Bourdieu ?

6

Écriture inclusive : l'ordre analphabétique[1]

En 2015, le Haut Conseil à l'Égalité entre les hommes et les femmes défendait l'écriture inclusive. Il publiait même un guide « pour une communication publique sans stéréotype de sexe[2] ». Cette publication relayée sur un site gouvernemental, celui du ministère chargé de l'Égalité entre les femmes et les hommes, de la Diversité et de l'Égalité des chances (il faudrait ajouter « et de l'Inflation des Titres », à grand renfort de majuscules…) a peut-être inspiré la maison Hatier qui a édité en 2017 un manuel d'histoire faisant le choix d'une « utilisation raisonnée » de l'écriture inclusive. Dans une mise au point publiée le 26 septembre 2017, l'éditeur expliquait que les manuels scolaires étaient le « reflet de la société et de ses évolutions ». Ils avaient autrefois l'ambition d'édifier, ils se contentent aujourd'hui de refléter… Mais ceci est un autre – et vaste – sujet, passons !

Le 22 novembre 2017, Édouard Philippe, alors Premier ministre, interdisait l'écriture inclusive aux membres de son gouvernement. Mais ce faisant, il l'entérinait en partie car, si son texte réaffirmait la neutralité du masculin d'un côté, il encourageait à « privilégier les formules inclusives » du type les « Françaises et les Français ». Formulation niant bien sûr le caractère englobant du masculin ! Ceci se décline aujourd'hui en « collégiennes, collégiens, lycéennes, lycéens ». Un révolutionnaire « citoyennes, citoyens » ne surprendrait même plus.

Ce n'était que le début du feuilleton ! Le 28 janvier 2021, le député François Jolivet demandait l'interdiction de l'enseignement de l'écriture inclusive dans les écoles. Demande balayée d'une phrase par le porte-parole du gouvernement Gabriel Attal qui, parlant d'une proposition de loi de la majorité visant à l'interdire dans les documents administratifs, argua que ce débat n'était pas prioritaire.

Le 6 mai 2021, le ministre de l'Éducation nationale, Jean-Michel Blanquer, proscrivait officiellement l'utilisation de l'écriture inclusive dans les écoles, expliquant que la « complexité » et l'« instabilité » de celle-ci constituaient des « obstacles à l'acquisition de la langue comme de la lecture ». Sa circulaire rappelle qu'il « convient de proscrire le recours à l'écriture dite inclusive qui utilise notamment le point médian pour révéler simultanément les formes féminines et masculines d'un mot employé au masculin lorsque celui-ci est utilisé dans un sens générique ». Elle préconise toutefois la féminisation des métiers et des fonctions. Ceci n'empêche pas les émanations de l'Éducation nationale que sont les INSPÉ de communiquer en écriture inclusive. Celui de Lille propose par exemple des journées de sensibilisation aux violences sexistes et sexuelles à « tou·te·s les étudiant·es ». L'université de Reims consacre plusieurs pages à la lutte contre les VSS (violences sexistes et sexuelles) entièrement rédigées en écriture inclusive. L'Observatoire des idéologies identitaires et du décolonialisme indique qu'en décembre 2022, sur 70 universités françaises, 19 font apparaître l'écriture inclusive sur leur page d'accueil, soit 27 % d'entre elles. Les établissements se glissent dans les interstices de la circulaire de M. Blanquer qui n'interdit explicitement l'écriture inclusive que dans les actes d'enseignement…

De nombreuses mairies utilisent l'écriture inclusive pour communiquer avec leurs administrés. À Paris, c'est le cas du courrier les informant des modalités du recensement 2023 ou de la plaque commémorative située dans l'Hôtel de Ville rendant hommage aux « conseiller.e.s de Paris ». L'Association de défense de la langue française a bien tenté de la faire supprimer mais elle a été déboutée par le tribunal administratif au motif qu'« aucun texte légal ne dit que l'écriture inclusive ne relève pas de la langue française ». Dans ce cas, pourquoi ne pas communiquer en louchébem ou en verlan ? Ils relèvent aussi de la langue française. Il me semblait pourtant que l'administration faisait tout pour s'adresser aux Français dans une langue commune et ce, depuis l'ordonnance de Villers-Cotterêts de 1539…

Du sommet de l'État aux conversations de comptoir (et même celles des comptoirs virtuels, les réseaux sociaux n'étant pas en reste), l'écriture inclusive est un sujet de dispute récurrent. L'encyclopédie en ligne Wikipédia a même organisé un vote en 2019 afin de débattre de son utilisation : « Nattes à Chat », contributrice féministe et présidente des « sans pagEs » (collectif destiné à lutter contre le biais de genre sur Wikipédia. Si, si, ça existe…), crée la page pour héberger un sondage sur le sujet. Elle y expose les raisons de promouvoir l'écriture inclusive. L'affluence sur le site de l'encyclopédie contributive est inédite et le verdict sans appel : après six mois de consultation, seul un tiers des internautes se prononce pour le changement de règles en faveur de l'écriture inclusive. Pourtant, contrairement à un sondage de rue, on peut imaginer que tous les plus militants se sont mobilisés. La langue française est l'un des grands trésors nationaux. On n'y touche pas impunément. Si les interdictions se multiplient, elles sont très régulièrement battues en brèche par les administrations elles-mêmes. Et l'ère macronienne a entériné les « cellezéceux », « toutezétousses » et « chacunechacun ». J'attends avec impatience la formule encore plus inclusive qui permettra de s'adresser aussi à ceux qui ne se sentent ni celle ni celui mais entre les deux ou un peu des deux ou aucun des deux, bref, vous voyez…

Trêve de plaisanterie exclusive : essayons d'y voir plus clair et de comprendre ce qui se joue là.

Écriture inclusive : Kézako ?

La maîtrise de la langue française suppose que l'on accorde correctement les adjectifs, les participes passés et que l'on choisisse également le bon genre et le bon nombre lorsqu'il s'agit de remplacer un nom par un pronom. Ce n'est pas une mince affaire ! La règle apprise à l'école est

« le masculin l'emporte », ce qui implique que lorsqu'il y a mélange de genres, le féminin disparaisse. On doit dire : « Les crapauds et les grenouilles sont verts. » « Ils coassent. » Même s'il y a mille grenouilles et un crapaud. Je tiens à préciser que je ne prends pas les grenouilles pour les femelles des crapauds ! Il s'agit simplement de deux noms d'animaux proches mais de genres différents. Certain(e)s ont vu dans cette victoire grammaticale du genre masculin la manifestation d'une discrimination liée à des siècles « d'oppression patriarcale ».

L'écriture inclusive permettrait de remettre enfin le féminin à l'honneur par un ensemble de nouvelles règles de grammaire et d'orthographe qui cherchent à éviter ces « discriminations sexistes par les usages linguistiques ». Nous avions déjà pris l'habitude de féminiser les noms de métiers (auteure ou autrice bien sûr mais les plus extrêmes préconisent de dire une sapeuse-pompière et de féminiser le mot senior) et d'indiquer parfois que l'on incluait les femmes par l'ajout d'un *e* entre parenthèses comme je l'ai fait plus haut, non sans malice.

Ce que souhaitent aujourd'hui les tenants de l'orthographe inclusive est la généralisation du point médian afin de séparer les terminaisons féminines et masculines. Selon eux, cela permettrait de ne plus « invisibiliser » les femmes par le langage. Si l'on reprend notre exemple, cela donnerait : « Les grenouilles et les crapauds sont vert·e·s. Ils·elles coassent. » D'autres insistent sur la création d'un pronom neutre qui permettrait d'évoquer une personne sans donner son genre. Certains demandent le respect de l'accord de proximité : adjectifs et participes seraient alors marqués par le genre du nom le plus proche. « Crapauds et grenouilles sont parfois vertes, souvent assez disgracieuses à nos yeux », par exemple.

Enfin, il y a ceux qui proposent de remplacer les mots « genrés » par un mot épicène. Ma sœur est parfois amenée à rédiger des présentations de spectacles. Elle m'a rapporté cet échange :

– Votre texte est presque parfait, madame, mais il faudrait ajouter « comédiennes » avant « comédiens » : « les comédiennes et comédiens sont affublé.e.s », etc.
– Ah mais non, le mot « comédiens » inclut les comédiennes, il est neutre. Ça alourdirait le texte.
– Alors, remplacez par « les interprètes »...

Les mots « interprète » et « comédien » ne sont pas équivalents mais, de guerre lasse, ma sœur a renoncé à argumenter et laissé ses commanditaires modifier son texte à leur guise féministe.

Des blogs proposent ainsi d'utiliser au maximum les mots épicènes et donnent l'exemple suivant : « La déclaration des droits de l'homme et du citoyen » devient « La déclaration des droits humains et du·de la citoyen·ne[3] ». Au-delà de la laideur du résultat, comment le prononcer ?

Ce même site explique qu'« insidieusement, les hommes sont devenus "les Hommes" au sens de "l'humanité", invisibilisant les femmes dans la société ». L'hubris de ces gens est si forte qu'ils tentent même de modifier l'Histoire. *Homo*, en latin, signifie « homme », « être humain », au sens générique, tandis que *vir* désigne l'homme au sens de « mâle », opposé à *femina*, « femme ». Le mot dérive du latin archaïque *hĕmo*, lui-même issu de l'indo-européen *d^{h}ǵ^{h}m̥mō (« [chose/fils] de la Terre »). Point de dérive d'un sens particulier vers un sens général donc. La racine *homo* a toujours désigné l'être humain, l'humanité.

L'écriture inclusive encourage aussi l'utilisation du neutre – un nouveau neutre en français puisqu'il a disparu depuis belle lurette –, ainsi que d'une orthographe non binaire.

Comment ne pas mégenrer un sage-homme qui se sentirait femme ou une sage-femme qui se sentirait homme par exemple ? Voilà une solution « toute simple » :

– « Iel est maïeuticien·ne dans une clinique » en inclusif ;

– « Iel est maïeuticien·ne·x dans une clinique » en non binaire ;

– « Iel est maïeuticiennx dans une clinique » en neutre.

Une fois votre bébé né entre les bras du (de la ?) maïeuticiennx, vous aurez peut-être besoin d'un·e assistantx sociauxale… Je n'invente rien, c'est la proposition des partisans de l'écriture neutre, qui est la forme la plus aboutie de l'écriture inclusive. Proprement infernal !

L'écriture inclusive à l'école ?

J'ai évoqué plus haut ce manuel Hatier de 2017 rédigé en écriture inclusive. Extrait : « Grâce aux agriculteur·rice·s, aux artisan·e·s et aux commerçant·e·s, la Gaule était un pays riche. » Selon ses défenseurs, cela éviterait donc de sous-entendre que seuls les hommes travaillaient. Mais cet exemple suffit à montrer que cela complique énormément la lecture, qu'elle soit silencieuse, c'est-à-dire axée sur la compréhension, ou oralisée dans le but de partager un message. Ce manuel était destiné à des élèves de huit ans dont la lecture n'est pas toujours fluide et dont l'orthographe est souvent encore approximative.

Certains enseignants se vantent sur les réseaux sociaux de pratiquer ou d'enseigner l'écriture inclusive. À la pointe de ce combat, Éliane Viennot, professeure de l'université de Saint-Étienne, a réuni plus de trois cents professeurs pour signer une pétition dans laquelle ils demandent que le masculin ne l'emporte plus sur le féminin. Certains de ces enseignants ont en face d'eux tous les jours des élèves de quatre ou cinq ans…

Le ton de ces publications est le plus souvent féministe. Il s'agit de « faire avancer les mentalités ». Ces pratiques militantes ne sont pas très nombreuses mais suivies par un large public. Elles posent clairement la question de la liberté pédagogique quand elle est mise au service d'une idéologie. Arguer de la liberté pour en priver les élèves en leur inculquant non plus la langue mais un seul usage de celle-ci est éminemment critiquable.

Les écoles privées ne sont pas épargnées par le phénomène : au nom de la lutte contre les stéréotypes de genre, une enseignante de l'école primaire Saint-Gaspard, à Bordeaux, a inclus le pronom neutre « iel » (contraction de « il » et de « elle ») dans une leçon de grammaire. Il est vrai que le pronom « iel », (et ses déclinaisons « iels » ou « ielle », « ielles »), qui le définit comme un pronom personnel, sujet de la troisième personne du singulier et du pluriel, employé pour évoquer une personne quel que soit son genre, est entré dans le Robert. Le dictionnaire précise par ailleurs « l'usage du pronom iel dans la communication inclusive ».

Contagion

Quelque trois cents professeur·e·s ont donc signé une tribune sur le site Slate pour refuser de continuer d'enseigner la règle de grammaire « le masculin l'emporte sur le féminin[4] » et encouragent les autres professionnel·le·s comme les journalistes, les écrivain·e·s, les enseignant·e·s... à donner pareillement l'exemple. Plus généralement, la grande majorité des enseignants actuels ayant eux-mêmes été « instruits » par des maîtres partisans de l'enseignement de la langue en synchronie, c'est-à-dire telle qu'elle se présente actuellement (et non en diachronie comme autrefois, dans l'objectif de pouvoir apprendre le latin dès la sixième), il y a peu de chances qu'ils résistent activement à des tendances fortes. Ils y mettront tout au plus une certaine mollesse, voire une inertie, mais ils ne disposent même pas des outils leur permettant d'analyser les raisons du désastre de l'écriture inclusive.

L'écriture inclusive est une pratique idéologique

Si le masculin l'emporte dans les accords en français, ce n'est évidemment pas la conséquence d'une domination des hommes sur les femmes – domination dont je ne nie pas qu'elle ait pu exister – mais celle de la disparition du genre neutre latin, généralement remplacé par le masculin en français puisque notre langue, contrairement à d'autres comme le russe ou l'allemand, n'a plus que deux genres : le masculin et le féminin. Le mot *templum*, que tous les latinistes connaissent bien puisqu'il sert de modèle à la déclinaison neutre, est devenu « le temple ». Aller contre cette histoire est une volonté idéologique. C'est supposer une langue originelle « pure » que la gent masculine aurait sciemment pervertie pour en faire un instrument de pouvoir. Ou c'est sous-entendre que la langue est le produit du travail des linguistes alors qu'elle est le produit de siècles d'histoire. Aucune langue n'est fondée sur une correspondance sexuelle stricte. Quand le juge appelle une victime et un témoin à la barre, je ne sais pas encore s'il s'agira d'hommes ou de femmes. Un tyran peut être une brune ravissante. L'idéologie n'a pas sa place à l'école. Celle-ci a pour vocation de donner aux élèves les connaissances et les outils nécessaires à l'exercice de leur liberté. Point (pas médian).

Même les plus militants s'y perdent

« Merci pour la campagne que vous avez fait et faite. » Sur le ton lyrique qu'on lui connaît et avec des airs de télévangéliste, c'est par cette étrange phrase que Sandrine Rousseau a félicité son équipe le 19 juin 2022, jour de son élection à la députation. La France entière a sursauté. Enfin, tous les Français ayant dépassé le CM1, parce qu'ils se souviennent qu'aux temps composés, le participe passé s'accorde avec le complément d'objet direct s'il est placé avant le verbe. En l'occurrence, le pronom relatif « que », dont l'antécédent féminin est « campagne », était placé avant le verbe. La seule option possible était donc : « La campagne que vous avez faite. » Point. Et zéro pointé pour Mme Rousseau. L'écriture inclusive fait pourtant – et évidemment – partie de la panoplie de cette « écoféministe » comme elle se définit sur Twitter. Elle devrait la manier avec aisance. J'ai pris le temps d'examiner son fil et à part un vilain « une demie heure », je n'ai pas relevé d'erreur d'orthographe majeure. Mme Rousseau est universitaire, elle a même été vice-présidente de l'université de Lille : elle s'exprime correctement. Alors, pourquoi cette grossière erreur ?

L'écriture inclusive est source de confusion : elle porte en elle le virus de la dysorthographie et le chaos grammatical. Si elle provoque des fautes de ce type dans le discours d'une personne adulte ayant acquis sa langue sans difficulté, imaginez quels effets désastreux elle peut engendrer chez des enfants en cours d'apprentissage, *a fortiori* ceux qui rencontrent des difficultés ! La grammaire résiste mieux à la déconstruction que le mari de Mme Rousseau.

L'écriture inclusive exclut

L'orthographe et la grammaire françaises sont réputées compliquées. La maîtrise de leurs arcanes demande des années d'apprentissage et une attention permanente à des millions d'élèves. Il suffit de lire quelques phrases en écriture inclusive pour apprécier leur illisibilité. Même de bons lecteurs se trouvent en difficulté devant tant de signes diacritiques, tant de « possibilités grammaticales ». Et puis… comment prononcer ces phrases ? Doit-on dire « agriculteur-trice français-çaise » ou « agriculteur-agricultrice français-française » ?

Bien que favorables à la féminisation de la langue, trente-deux linguistes ont publié en 2020 une tribune collective, estimant l'écriture inclusive profondément problématique[5].

« Outre ses défauts fonctionnels, l'écriture inclusive pose des problèmes à ceux qui ont des difficultés d'apprentissage et, en réalité, à tous les francophones soudain privés de règles et livrés à un arbitraire moral. » En effet, ces formes artificielles posent de considérables problèmes de découpages et d'accords en ne tenant pas compte des racines des mots. En écrivant chanteu·r·se·s, je crée une racine *chanteu qui n'a jamais existé et n'a aucun sens. Toutes les réformes orthographiques précédentes ont eu pour objectif la simplification de la langue. Si l'on adoptait l'écriture inclusive, elle aurait pour résultat d'exclure d'office les élèves en difficulté – je pense aux dyslexiques en particulier – et d'encourager un usage chaotique de la langue. Au passage, on observe souvent que les plus militants l'abandonnent d'eux-mêmes après quelques lignes tant elle complique la rédaction ! En matière de langue, on a l'habitude de dire que l'usage fait office de sanction. Il revient donc bien sûr aux enseignants de refuser cette nouvelle propagande qui ne tient aucun compte des élèves à la traîne et enlaidit le discours.

Antidote

Pour convaincre vos enfants de ne pas se laisser faire et d'exiger qu'on leur enseigne et qu'on utilise avec eux l'orthographe classique, faites-leur lire quelques textes en grammaire inclusive. Ils s'en détourneront d'eux-mêmes tant ils les trouveront incompréhensibles et ridicules. Rappelez-leur qu'ils ont le droit d'exiger que l'école leur épargne ce genre de délire. Si les enseignants persistent, vos enfants peuvent toujours ironiser et exiger alors qu'on leur donne uniquement à étudier des textes classiques « traduits » en écriture inclusive. Ils auront beaucoup moins de travail. Il s'agit d'une guerre d'usure. Comme se plaisait à le dire l'aviateur Roland Garros : « La victoire appartient au plus opiniâtre. »

Enseignez-leur l'étymologie de leur langue : le travail sur les familles de mots et les radicaux est un bon vaccin car il démontre à la fois la laideur et la bêtise des destructions/constructions totalement artificielles et idéologiques. La connaissance est souvent un bon rempart contre l'idéologie.

7

La fabrique du petit collabo

Il fut un temps où enseigner consistait à instruire ses élèves, c'est-à-dire à leur transmettre des connaissances. Bien sûr de nombreux professeurs ont encore à cœur de remplir cette mission mais ils se trouvent alors en confrontation avec l'institution qui les emploie car ils sont priés d'éduquer les élèves dans la perspective de les conformer au type de société qu'elle promeut, non de les rendre libres par le savoir. Le ministère de l'Instruction a été renommé Éducation nationale il y a plus de quatre-vingt-dix ans, en 1932. Inutile d'être grand clerc pour décoder le projet de la nouvelle institution.

Jean-Paul Rabaut Saint-Étienne, célèbre révolutionnaire, proclamait en décembre 1792 devant la Convention : « L'instruction publique éclaire et exerce l'esprit, l'éducation doit former le cœur ; la première doit donner les lumières, et la seconde les vertus ; la première fera le lustre de la société, la seconde en fera la consistance et la force. L'instruction publique demande des lycées, des collèges, des académies, des livres, des instruments, des calculs, des méthodes, elle s'enferme dans les murs ; l'éducation nationale demande des cirques, des gymnases, des armes, des jeux publics, des fêtes nationales ; le concours fraternel de tous les âges et de tous les sexes, et le spectacle imposant et doux de la société humaine rassemblée. »

Il ajoutait : « L'éducation nationale est l'aliment nécessaire à tous ; l'instruction publique est le partage de quelques-uns. » On préférait déjà le dressage au savoir, taxé d'élitisme.

Bigoterie républicaine

On ne se contente plus d'exiger de l'élève un travail, des résultats et de l'éveiller à sa vocation. Il faut aussi qu'il adopte une attitude, une forme d'esprit. On lui assure qu'il n'aura pas de vie sociale sans vertus morales : goût de la frugalité, de l'égalité, esprit de coopération. L'Éducation nationale exige d'ailleurs de chaque élève qu'il suive un « parcours citoyen » au cours duquel il s'engage dans des associations ou s'implique auprès de « pairs » ayant besoin de « soutiens variés ».

Depuis la rentrée 2021, chaque académie est dotée d'un « carré régalien » et d'« équipes valeurs de la République » supposées former des enseignants pour lutter contre les incivilités et le séparatisme. À leur tour, ceux-ci formeront – ou plutôt conformeront – de nouveaux enseignants. Une vraie cascade républicaine !

Tout cela est très vague. Et pour cause ! Une fois de plus, ce qui compte n'est malheureusement pas d'acquérir les connaissances juridiques ou politiques nécessaires à une vie d'adulte mais bien d'exhiber son engagement. Qui n'a pas « sa lutte » n'est pas digne de devenir citoyen. Cet idéal de citoyenneté engagée dans une société de plus en plus égalitaire et tolérante ne semble pas dangereux. Pourtant, on sait comment la passion de l'égalité et de la pureté morale a pu mener à la terreur révolutionnaire et au totalitarisme communiste.

L'école tente de fabriquer un homme nouveau, prêt à endosser toutes les pensées parées des apparences de la nécessité sociale : l'*Homo republicanus*. L'engagement est sa seule colonne vertébrale, à l'instar de la jeune Jenny Bigot, du roman *Rééducation nationale*[1], qui confie sa honte lorsqu'elle doit avouer qu'elle enseigne au lycée André-Malraux : « On ne se rend pas compte du mal causé par un simple nom… Ce serait tellement plus beau d'être prof au lycée Nelson Mandela ou au lycée Stéphane Hessel ! Comment peut-on prétendre parler de littérature ou de justice sociale quand on se place sous l'autorité d'un pilleur de tombeaux et d'un ministre de droite ! Il n'y avait rien à ajouter ; presque tout le monde opinait du chef. »

Qui dit luttes dit lutteurs. Comment combattre la grossophobie sans militants ? Qui abolira la transphobie si on ne forme pas des fantassins du genre, des paras LGBT ? Les corollaires de l'idéologie sont le prosélytisme et l'engagement.

Mais comment s'assurer que les élèves adhèrent vraiment, du fond du cœur, du fond de l'âme, et ne jouent pas la comédie ? L'une des manifestations de l'engagement dans un cadre scolaire est la participation. Ainsi, écouter sagement ou travailler en silence ne suffit plus, il faut par-ti-ci-per ! Et cette participation est évaluée. À l'heure où les notes disparaissent, les mentions « participation » fleurissent dans les livrets scolaires. Les enseignants, incapables ou interdits pour la plupart de mener un cours magistral, convaincus lors de leurs formations que tout doit venir des élèves, en attendent une très forte implication, des témoignages d'attention, d'adhésion, d'enthousiasme.

Enfants-soldats

Les tenants de ces méthodes participatives ne se contentent pas de fliquer la participation des élèves : afin de démultiplier leur efficacité, ils les enrôlent dans leurs armées de zombies en leur demandant de co-enseigner. Car s'il est possible de subir un discours en « n'en pensant pas moins », en conservant ses capacités de jugement et son sens critique, il est en revanche beaucoup plus compliqué de garder ses distances et de ne pas se laisser convertir lorsqu'on vous implique dans la transmission d'une parole.

La grande garderie recrute les prochains geôliers parmi les prisonniers actuels.

Dans son article « Un secret de fabrication de la “fabrique du crétin” : la séquence[2] », Philippe Nemo évoque une situation d'apprentissage tout à fait fascinante.

La séquence a pour titre « Repérer la présence des stéréotypes filles-garçons dans les publicités[3] ». Il s'agit pour des lycéens de seconde de prendre en charge un groupe de collégiens de sixième lors de différents ateliers tels que l'observation de catalogues de jouets dans lesquels on suppose que l'on peut trouver – ô malédiction ! – des fillettes jouant à la dînette, victimes forcément inconscientes de leur soumission au patriarcat blanc et des garçons se déguisant éhontément en mécaniciens, petits pervers qu'ils sont. Les mêmes élèves de seconde proposent ensuite à leurs cadets de sixième des catalogues ou des publicités qui renversent les stéréotypes pour montrer que les choses changent, que l'égalité se construit, malgré la résistance de quelques marchands de jouets. Bien secondés par des conseillers éthiques, ces derniers battront aussi leur coulpe très prochainement et sous la pression de nouveaux clients « éveillés » se verront obligés de dégenrer jeux et catalogues. On fournit donc à nos jeunes collégiens des supports pédagogiques adaptés à cette noble tâche : un article d'un « cabinet de conseil et formation sur les questions d'égalité femmes-hommes », un autre de la revue *Cahiers du genre*, etc. Ces séquences ont-elles vraiment leur place à l'école ? Si elles vous mettent mal à l'aise, c'est sans doute que vous n'êtes pas encore parfaitement rééduqué. Réjouissons-nous et analysons.

Les élèves de seconde ne suivent pas un cours, mais… en font un à des élèves plus jeunes dans une démarche de piété interactive et collective. Les jeunes soumis à des modalités éducatives de ce type ne sauront rien sur rien. Pire : leur esprit vide de sciences sera plein de croyances. Stupéfiant.

Le plus choquant dans tout cela est la démarche utilisée. Comme je l'ai dit plus haut, on sait que l'engagement est à la mode. À l'instar de leurs parents et de leurs enseignants, il faut que les élèves prouvent leur implication dans la société, qu'ils se montrent citoyens, qu'ils

« luttent » contre les stéréotypes de genre et de race, contre le changement climatique, pour les inclusions de toutes sortes, le bien-être animal… On leur livre mille occasions de clamer leur enthousiasme, de progresser collectivement – surtout collectivement ! – vers une société plus égalitaire. Jusqu'ici, ils pouvaient s'en tirer avec un exposé et quelques poncifs sur la tolérance ou le scandale des inégalités en France. Au contraire, la démarche de coéducation, l'encouragement pernicieux à dénoncer ceux qui ne participent pas, n'autorisent plus la distance. La nouvelle conscription républicaine se fait insidieusement dans les salles de classe.

L'engagement comme seul horizon

Surfons ensemble sur le site de l'Éducation nationale. On y trouve une page dédiée à l'engagement collégien et lycéen, renvoyant vers le dépliant « Je, tu, ils, elles s'engagent ». Y fleurissent des témoignages d'élèves très satisfaits de leur « parcours citoyen » et visiblement conquis par la mode des sigles et acronymes. « Je m'appelle Romain, je suis en 2de et vice-président du CVL du lycée Louis-Barthou de Pau. Je suis engagé au CAVL et au CNVL pour l'académie de Bordeaux. Je fais également partie de différentes instances de l'UNSS, etc. » Je vous laisse imaginer les conversations à table, le soir, avec les parents, les frères et sœurs… Continuons avec Valentine, élève de quatrième à Châtenay-Malabry, qui dit contribuer « activement aux Brigades d'Intervention Poétique ». Brigades, tiens, tiens… Les sujets qui la touchent particulièrement sont l'écologie et l'égalité filles-garçons. Quelle surprise !

À leur décharge on ne peut pas dire que ces jeunes gens aient vraiment le choix : le dépliant précise en deuxième page tous les types d'engagements possibles, au sein du lycée ou en dehors. Car oui : l'Éducation nationale veut aussi savoir ce que les élèves font en dehors de l'école, des fois qu'ils se transforment en horribles apologistes du sexisme ou de la consommation débridée. Le site recense d'ailleurs diverses mesures possibles pour encourager les élèves à l'engagement, parmi lesquelles « mentionner l'engagement des élèves sur les bulletins scolaires du lycée » et « inscrire toutes les formes d'engagement dans la rubrique “activités et centres d'intérêt” de Parcoursup pour le dossier élève et de la rubrique “engagement et esprit d'initiative” dans les dossiers des professeurs principaux ».

De nombreux lycéens français ont reçu cette année pendant le cours de français une liste de défis intitulée « Ma petite planète scolaire ». Exemples de défis dans la catégorie « ambassadeur du climat » : « interpeller gentiment une personne qui jette un mégot/un déchet par terre en lui expliquant pourquoi c'est mauvais pour la planète ; faire participer une personne adulte à un défi ». L'élève doit apporter la preuve du défi relevé : il doit donc être en mesure de montrer qu'il a bien fait la morale à un adulte ayant jeté sa cigarette par terre… Ah oui : et si on co-éduquait les adultes aussi ? Comment n'y a-t-on pas pensé plus tôt ?

Voilà qui ne laisse pas beaucoup de latitude aux récalcitrants ! Que deviennent ceux qui préfèrent rester neutres, ne pas défendre l'écologie, la laïcité, ni lutter contre des inégalités qu'ils perçoivent à bon droit comme de simples différences ? Que sont censés faire les collégiens et lycéens qui se sentent monarchistes, anarchistes, capitalistes, croient en Dieu ou sont tout simplement indécis, trop jeunes ou trop mal informés pour choisir un engagement ? Ou encore ceux pour lesquels endosser les étiquettes que l'école leur propose reviendrait à trahir leur milieu familial ?

Ce cas n'est tout simplement pas prévu par l'école de la République.

Celui qui tente de préserver, quelque part en son cœur ou dans sa tête, une parcelle de sens critique, qui trouve louche cette promotion permanente de l'égalité au détriment du savoir, sera encamaradé malgré lui. J'emprunte ce néologisme à Sebastian Haffner, qui dans son excellente *Histoire d'un Allemand* montre que Hitler n'a pas été porté au pouvoir par la démocratie ou par la fierté ou l'arrogance d'un peuple mais plutôt par « l'inconsistance et la malléabilité d'une nation sans caractère ». Il révèle cette tendance universelle de l'homme, ce « bonheur à se fondre dans la masse », à être dépouillé de la « pénible tâche de penser ». Il avoue avoir « lui-même perdu pied et plongé dans le bourbier de la fraternité hilare ».

Petit censeur deviendra grand

Avec cette co-éducation, impossible de se contenter de se taire, de résister intérieurement. On vérifie en permanence que chaque élève évangélise bien ses petits camarades, et avec ferveur encore ! Il ne pourra ainsi plus consacrer son temps ni son intelligence à essayer de comprendre ce que les adultes, ses professeurs en particulier, essaient de lui inculquer. Tout à sa tâche de transmission, il véhiculera la même bouillie idéologique. Il finira par adhérer au discours de l'institution par un mécanisme que les gouvernements totalitaires connaissent et maîtrisent parfaitement. Il sera félicité pour son action. Le circuit de la récompense sera complet. Toxicité maximale. Contamination totale.

Et c'est comme ça que l'on entend des enfants de huit ans tancer leurs parents car ils ont « mal » trié les déchets ou faire la morale à leurs grandes sœurs qui portent une veste en cuir. Et c'est ainsi que l'on se réjouit : « au terme de la scolarité obligatoire, un livret de citoyenneté est transmis à chaque élève afin qu'ils [*sic*] disposent tous d'un document rassemblant tous ces grands principes et qu'ils puissent attester du niveau de leur engagement. Il est remis aux élèves en même temps que le diplôme national du brevet au cours d'une cérémonie républicaine. Rituel solennel, en présence de leur famille, cette cérémonie permet de rappeler les temps forts de la scolarité[4] », etc. Qui ne s'engage pas est mécréant.

Résistances

Il me serait impossible de continuer à exercer ce métier si je ne croyais pas au libre arbitre et à la puissance de la nature humaine. « On aura beau dévaliser les âmes et détronquer l'homme ; après tout, il resterait à décréter son abolition, pour que disparussent tous les ferments de l'incompressible Idéal qu'il porte en lui et que la plus sacrilège éducation n'élimine pas. Aucun degré d'avilissement ne peut être calculé pour prévaloir contre la nature.

« Aussi longtemps que subsistera la race douloureuse des enfants d'Adam, il y aura des hommes affamés de Beau et d'Infini, comme on est affamé de pain[5]. »

À défaut de pouvoir extirper l'idéologie des programmes, moquons ces professeurs-sergents-enrôleurs, rôle auquel l'Éducation nationale tente de réduire les enseignants. Elle assume d'ailleurs aujourd'hui ne pas recruter les meilleurs mais les plus « républicains », autant dire les plus disciplinés. Comme le dit Rachel Boutonnet dans son excellent *Journal d'une institutrice clandestine*[6], « ils sont dans la position de tenir un discours savant anti-savoir ; et de tenir un discours qui interdit toute réflexion en prétendant qu'il est libérateur ».

Que chaque élève de lycée qu'on tente d'avilir ainsi réponde calmement : « Vous êtes rémunéré par les Français pour m'enseigner une discipline. En sortant de cette classe, je dois en savoir plus sur cette discipline qu'en y entrant. J'exige d'être instruit. Si ce n'est pas le cas, non seulement je n'enseignerai pas aux sixièmes mais je viendrai en classe avec un livre afin de ne pas perdre mon temps. »

8

L'écologisme à l'assaut de l'école

Être dans le vent est une ambition de feuille morte[1], pour reprendre Gustave Thibon. Il semblerait pourtant qu'un grand nombre de nos « professionnels de l'éducation » n'aient plus d'autre ambition que d'emplir les petits cerveaux de toutes sortes de croyances contemporaines.

Parmi elles, la foi en l'écologie est peut-être la plus présente et la plus difficile à critiquer. Je n'ai pas l'intention de contredire les conclusions des scientifiques sur le climat ou la pollution, je n'en ai ni les moyens ni l'envie. Je me contenterai de critiquer l'omniprésence du discours écologiste à l'école, le fait qu'il supplante l'enseignement de disciplines utiles et nécessaires aux apprentissages ultérieurs des élèves et ses effets psychologiques dévastateurs sur nos enfants.

L'immense majorité des jeunes gens se destinant à une carrière d'enseignants disent être motivés par la transmission des savoirs. Les pauvres ne se doutent pas une seconde que l'institution mettra tout en œuvre pour qu'ils abandonnent cette noble et légitime ambition. Elle leur serinera d'abord que la pédagogie transmissive limite le développement des élèves et nuit à leur plein épanouissement. Et comme il faut bien transmettre quelque chose, comme il faut bien occuper les heures passées devant les élèves, elle s'emploiera à les transformer en éco-anxieux : « Rien n'est plus urgent que sauver la planète, sinon nous allons tous mourir liquéfiés (ou gazéifiés, ou consumés, au choix). Vous avez entre vos mains de jeunes enfants. Ils sont nos sauveurs à condition que vous les rendiez conscients des enjeux. Alors gretathunberguisez-les, vite ! »

Je me balade régulièrement dans les rayons des grandes librairies consacrés aux préparations des concours, en particulier celui de professeur des écoles, bien sûr ! J'aime savoir à quel lait on biberonne mes futurs collègues, quels objectifs pédagogiques l'État leur fixe et quelles idées ils véhiculeront à leur tour auprès de leurs jeunes ouailles. À défaut de pouvoir infiltrer le Conseil supérieur des programmes ou espionner les formations de l'intérieur, je dispose là d'une trace écrite de ce qui se raconte dans les INSPÉ et leurs équivalents privés sous contrat, les ISFEC (Instituts supérieurs de formation de l'enseignement catholique). Il existe des incontournables en la matière, conseillés par les préparateurs aux concours.

Lors de l'une de ces récentes incursions au rayon « Toi aussi, deviens un parfait petit fonctionnaire de la République une et indivisible », j'ai ouvert au hasard le livre de référence (éditions Vuibert) de préparation des épreuves d'histoire-géographie et EMC, c'est-à-dire éducation morale et civique. Voici quelques questions extraites du test d'autoévaluation.

« Où a eu lieu en décembre 2015 l'accord qui définit un cadre mondial pour limiter le réchauffement climatique ?
À Londres, Paris ou Bruxelles ?
De quand date la Charte de l'environnement en France ?
1989, 1995 ou 2005 ? »

Est-ce tout ? Non, ça continue :

« Chaque Européen produit chaque année : 500 kg de déchets, 1 000 kg de déchets ou 1 500 kg de déchets ?
« Les déchets recyclés représentent : 65 % des déchets, 45 % des déchets ou 30 % des déchets ?
« Les écoquartiers sont : faits pour éviter la gentrification, des aménagements incités depuis le Grenelle de l'environnement ou des espaces verts ?
« Les déplacements dans les écoquartiers : sont limités pour éviter les nuisances, sont obligatoirement faits avec des modes de circulation doux ou sont faits en transports en commun ?
« Les constructions bioclimatiques : sont adaptées en fonction des particularités du lieu d'implantation, sont orientées au sud, sont conçues avec des matériaux naturels ?
« Les corridors verts : sont des liens entre les espaces verts urbains et les espaces périurbains [...]. »
Etc.

Il est clair que si j'avais dû, il y a vingt ans, répondre à ce genre de questionnaire, je n'aurais jamais décroché le concours de professeur des écoles ! Je persiste à ne pas voir en quoi le fait de savoir ce qu'est un corridor vert est nécessaire pour instruire des enfants. L'écologie étant l'une des idéologies de notre temps, c'est comme si on avait demandé à un candidat des années 1950 de réciter *Le Capital* ou à celui des années 1970 de connaître les grands principes chers au philosophe Michel Foucault. On s'assure ainsi que les nouveaux enseignants peignent bien en vert tous leurs cours, tout leur discours. L'Éducation nationale consacre de nombreuses pages de son site et de ses programmes à l'EDD (éducation au développement durable), qu'elle présente comme une discipline transversale et une vertu cardinale.

Ne plus les lâcher

On peut se dire que les futurs enseignants « jouent le jeu » pour décrocher le concours et que leur éco-logorrhée est feinte et circonstanciée. Mais l'écologisme, cette nouvelle religion, exige de nouveaux apôtres qui sauront contaminer les élèves avec leurs obsessions environnementales.

Après la titularisation, la formation continue prend le relais. Prenons l'exemple du Réseau Canopé, « opérateur du ministère de l'Éducation nationale et de la Jeunesse qui a pour mission la formation tout au long de la vie et le développement professionnel des enseignants ». Voici quelques-unes des formations proposées à l'heure où j'écris ces lignes : « Après-midi jeux et contes autour de la thématique de la nature et du changement climatique » ; « Éducation au développement durable : un datasprint engagé » ; « Projet Développement durable en classe : être acteur pour mieux comprendre » ; « Aborder les questions socialement vives en EDD » ; « Concevoir un projet EDD en maternelle ».

Elles durent entre une heure trente et dix heures, sont financées par l'impôt, donc présentées comme gratuites.

L'écologie : vertu cardinale

Il ne s'agit évidemment pas d'encourager la pollution. Je suis parfaitement consciente des enjeux environnementaux. Et c'est parce que j'en suis parfaitement consciente qu'il me semble crucial de former des ingénieurs, des agronomes, des biologistes, des virologues et non des militants de Greenpeace ou des émules de Sandrine Rousseau. Comment imaginer qu'un élève qui n'a aucune idée de ce que sont des ressources halieutiques, un watt, le fonctionnement d'une pile puisse comprendre et juger de la pertinence de messages à caractère écologique pour ne pas dire écologiste tels que la supériorité de l'énergie éolienne ou les bienfaits de la décroissance ?

Des classes entières décorent des sacs en tissu à offrir à la fête des mères – pardon, à la fête des familles ! – qu'elles estampilleront d'un impératif « Plus jamais de plastique dans la mer ». J'en ai reçu un… J'aurais mille fois préféré recevoir un collier de nouilles ou un cendrier-empreinte-de-main. J'ai bien sûr fait contre mauvaise fortune bon cœur mais je me suis sentie obligée de me justifier auprès de mon fils : je n'avais jamais jeté de plastique dans la mer. Il sait que je ne jette même pas un papier par terre, mais quand même… Je ne serais pas surprise que des parents créent des collectifs motivés par l'envie d'en remontrer à leurs propres enfants en matière de morale et d'éducation !

L'écologie est devenue une matière transversale, une vertu cardinale. Pap Ndiaye fait profiter ses auditoires de sa langue de bois lénifiante sur ces sujets : « Mobilisés avec @HerveBerville pour apporter des réponses concrètes aux élèves et aux jeunes, inquiets du réchauffement climatique et de l'état des océans. Dès le plus jeune âge, nous devons apprendre à nos enfants l'importance de la préservation des mers et des océans ! » écrit-il par exemple le 2 novembre 2022, associant le secrétaire d'État chargé de la mer. Ce qui est enseigné « dès le plus jeune âge » de cette façon, c'est l'engagement imposé. L'élection des éco-délégués est obligatoire dans toutes les classes de collège et de lycée depuis la rentrée 2020, et encouragée en CM1 et en CM2 depuis la rentrée 2021. RIP la liberté pédagogique…

L'éco-délégué doit sensibiliser les autres élèves au développement durable. Il est muni d'une mallette d'« ambassadeur de la biodiversité et de la lutte contre le réchauffement climatique ». J'ai pris le temps de feuilleter les différents « outils » proposés aux jeunes représentants en éducation durable et ce qui ressort de cet examen est la très forte propension de leurs concepteurs à faire les questions et les réponses, comme on dit. Le site de l'Éducation nationale encourage les élèves à « réinventer » et à « changer » le monde, mais d'une seule façon. Si je prends l'exemple du « kit de simulation de négociation en faveur de la biodiversité », dans lequel les élèves sont invités à tenir les rôles de négociateurs internationaux lors d'une « COP », il n'y a qu'une position possible : celle d'écologiste. On dicte aux élèves jusqu'à leurs attitudes : « En tant qu'ONG, vos revendications en faveur de la nature peuvent paraître irréalisables aux yeux des autres participants. Les États pourront vous reprocher d'oublier leurs enjeux économiques (compétitivité et emplois). Pour légitimer vos propos, vous devrez donc vous appuyer sur votre expertise scientifique et votre expérience des négociations internationales. Vous aurez également un regard critique sur les conclusions de la négociation en produisant un compte rendu sur les mesures prises. »

L'un de mes amis m'a transmis la liste de défis intitulée « Ma petite planète scolaire », que son fils a reçue en cours de français, en classe de première. Quelques exemples : « Biodiversité : réaliser la posture du lion en yoga et en profiter pour méditer cinq minutes » ; « Biodiversité : faire un câlin à un gros arbre (un dont tu ne peux pas faire le tour avec les bras) » ; « Alimentation : cuisiner avec des fruits et légumes de saison commençant par la lettre C », sans doute s'agit-il de vérifier que l'élève n'écrit pas carotte ou courgette avec un *k* ; ou encore « Acheter un produit périmé ou moche ». Il y a dix-sept consignes du même tonneau (de vin bio…). Chaque réalisation de l'élève doit être prouvée, le plus souvent par une photo. Nul doute qu'après un tel travail le niveau de français et la culture littéraire des élèves auront considérablement progressé. Rappelons à toutes fins utiles que l'année de première est aussi celle de l'épreuve de français au baccalauréat…

Sur la page « Une école engagée pour le développement durable et la transition écologique » du site de l'Éducation nationale, j'ai vu apparaître à l'automne 2022 le challenge CUBE.S (pour Climat, Usages, Bâtiments d'enseignement scolaire). Acronyme pas du tout capillotracté comme vous pouvez le constater… Il s'agit, comme l'annonce le site cube-ecoles.org, de « faire des économies d'énergie notre sport national » puisque la Première ministre a demandé à chacun de « prendre sa part ». Les écoliers sont invités à « rejoindre le challenge et sauver l'hiver ». Rien que ça. Le même État qui n'a pas su faire les choix énergétiques permettant de chauffer correctement les écoles au point que dans certaines classes les enfants travaillent en doudoune, les doigts gourds et s'éclairent à l'aide de leurs téléphones portables, les encourage à perdre du temps dans un concours d'économies d'énergie… Ainsi les écoles ont-elles pu organiser des kermesses des éco-gestes, des chasses au gaspi dans les chaudières des écoles et d'autres activités parfaitement inutiles mais tellement sympas… Un « grand événement » de remise des prix est organisé pour fêter cette « sobriété positive » à Paris-La Défense Arena (40 000 places, 15 000 places de parking) le 13 décembre. Chauffer un stade en pleine vague de froid… On a vu plus sobre.

Aligner la science sur la politique

Dans la continuité de ce qui s'est mis en place au lycée, une formation transversale à la transition écologique sera d'ailleurs bientôt obligatoire pour valider son diplôme de premier cycle universitaire. Cette mesure sera mise en place « au plus tard en 2025 », a annoncé la ministre de l'Enseignement supérieur, Sylvie Retailleau. « Cette formation sera l'une des conditions pour pouvoir être diplômé du premier cycle », a-t-elle précisé[2]. Cela concernera les BTS, les CPGE (classes préparatoires aux grandes écoles), les DUT, les DEUST, les licences et les diplômes de grade licence (bac+3). Quel que soit le cursus choisi, impossible d'y échapper sauf si par bonheur le ministère est enfin confié à quelqu'un de compétent !

Toujours dans le supérieur, en mai 2022, l'université de Strasbourg a ouvert un poste de professeur en « littérature et écologie ». Vous ne rêvez pas, non ! Il s'agit bien de recruter un professeur qui enseignera la littérature sous un angle écologiste. On accole sans vergogne une discipline scolaire et une orientation politique. C'est un peu comme s'il me prenait l'envie d'enseigner la géographie marxiste avec vos impôts… Il est évident que l'on peut étudier le thème de l'écologie en littérature, comme on peut enseigner une géographie du marxisme, mais la littérature écologiste… ? Détaillons ensemble le profil de poste comme on dit dans les cabinets de recrutement : les travaux du jeune enseignant-chercheur porteront sur « l'écocritique, l'écopoétique, les humanités environnementales ainsi que les études littéraires animales ». Le fait de demander à un professeur de suivre une ligne idéologique déterminée alors même qu'il est supposé faire de la recherche, donc employer une méthode scientifique, est tout à fait contradictoire.

La fiche continue ainsi : « Les études consacrées aux rapports entre écologie et littérature émanent en effet d'une réflexion transdisciplinaire, à la croisée des sciences humaines (sociologie, anthropologie, philosophie et éthique), de l'engagement politique et militant, et des sciences dures […]. Fortement développée outre-Atlantique sous le nom de *green studies*, l'étude des liens entre littérature et écologie demeure encore peu représentée en France, et souvent cantonnée à l'étude de la littérature contemporaine. ECO/LIT vise à infléchir cette situation en manifestant l'ampleur et la centralité de ce domaine de spécialité. » Il s'agit donc de s'inspirer des pratiques universitaires américaines. Pourquoi ? Quels sont les objectifs pédagogiques visés ? En quoi la recherche française progressera-t-elle en important les *green studies* à l'américaine ? Nous ne le saurons jamais. Poursuivons la lecture : « La relation à l'environnement s'établit autant par des actes et des engagements quotidiens que par le truchement de l'imaginaire. Il paraît donc essentiel d'accorder toute leur place aux travaux qui, prenant appui sur les outils de l'analyse littéraire autant que sur les études culturelles, mesurent l'impact de cet imaginaire [...]. » Et comment mesure-t-on l'impact de l'imaginaire ? Il faudra bien demander aux étudiants de cette filière d'expliquer comment la littérature les encourage à s'engager, comment elle leur a permis de prendre conscience de leur propre relation à l'environnement et finalement, j'en ai peur, comment elle les pousse à agir...

Il s'agit bien de recruter un propagandiste. Tel Trofim Lyssenko, cet agriculteur soviétique inventeur d'une théorie pseudoscientifique antibourgeoise (l'hérédité acquise de l'environnement) supposée permettre de quadrupler la production de blé en Union soviétique, ce professeur devra donc tout mettre en œuvre pour prouver que l'écologie n'est pas assez présente dans les études littéraires actuelles : sa démarche scientifique est d'avance corrompue par l'écologie.

École primaire, collège, lycée, université, tout le système scolaire français bascule dans l'écologisme le plus fervent grâce à l'arrivée de jeunes enseignants dont on a savamment lavé les cerveaux. Dès l'instant où ils ouvrent le premier manuel de préparation au concours qu'ils ont choisi, ils sont noyés dans un enfer vert.

Comme on le voit, ce ne sont malheureusement pas des anecdotes mais bien une démarche concertée et organisée. D'ailleurs, les étudiants français n'hésitent plus aujourd'hui à réclamer un « alignement de la science[3] » sur les enjeux impérieux du siècle, comme cela se fait couramment aux États-Unis. Encore une fois, le temps consacré à faire de nos rejetons des mini-Khmers verts qui n'hésiteront pas à nous dénoncer à l'institution *ad hoc* lorsque nous jetterons notre trognon de pomme dans la mauvaise poubelle n'est plus disponible pour l'apprentissage des disciplines utiles à leur épanouissement intellectuel. Et qu'on ne vienne pas me dire que la lecture d'un rapport du GIEC est un exercice littéraire au même titre que celle de « La Mort du Loup » de Vigny. À votre avis, dans lequel de ces deux textes la nature est-elle la plus admirable ?

Quoi ? tu n'es pas éco-anxieux ?

Au-delà de cette dramatique perte de temps, cette frénésie provoque chez nos enfants l'émergence d'un phénomène très inquiétant : un ensemble d'émotions négatives, d'inquiétude, voire de dépression, liées à l'obsession pour le changement climatique. Les statistiques sont très variables d'une étude à l'autre mais une forte proportion d'adolescents seraient en colère ou tristes à cause de l'incertitude écologique. On appelle ça l'éco-anxiété.

Les médias se sont saisis de ce nouveau phénomène pour donner des conseils aux parents. On peut lire ici qu'il ne faut pas être « trop directif avec son enfant car cela risque de le désintéresser de la lutte contre les crises écologiques[4] », ou là que « s'ils ont l'impression à l'adolescence que leur famille n'est pas intéressée par l'écologie – puisque c'est un sujet tabou – ils se sentiront trahis par la génération précédente et nourriront de la rancœur[5] ». Le site du CIDJ (Centre d'information et de documentation pour la jeunesse) n'hésite pas à titrer : « Éco-anxiété chez la jeunesse. Et si c'était une bonne nouvelle ? ». Une bonne nouvelle, car « ressentir de l'éco-anxiété, c'est faire preuve d'humanité ».

En résumé : si tu n'es pas éco-anxieux, tu es un égoïste ; si tu n'es pas éco-anxieux, tu seras incapable de te « mobiliser pour le climat ».

Nos enfants ont le choix entre l'éco-anxiété ou l'anxiété de ne pas être éco-anxieux donc pointés du doigt pour égoïsme, individualisme et là, haro sur le baudet ! Le plus grand crime aujourd'hui est de ne pas s'engager. Le plus grand crime est l'immobilisme, l'attente, l'admiration, la contemplation. Il vaut mieux faire n'importe quoi, gesticuler, s'employer à… plutôt que réfléchir, analyser, attendre. Il faut a-van-cer ! Prendre du recul est passé de mode. Avance, suis la tendance. Peu importe que ton engagement se fasse par le biais d'un téléphone dont la batterie fonctionne au lithium. Peu importe que tu ne comprennes rien aux unités de mesure que tu emploies ou que tu ne saches pas interpréter un pourcentage (comment le pourrais-tu ? Le temps que tes professeurs auraient dû consacrer à t'enseigner cela a été gaspillé à te parler de tri sélectif ou de jardins citoyens).

Insidieusement, progressivement, l'école nous habitue à supporter ses incursions dans nos vies privées. Comme l'écrit la très clairvoyante Chantal Delsol dans *La Détresse du petit Pierre qui ne sait pas lire* : « Ainsi toutes sortes d'idéologies sont-elles imposées par insinuation, et avec d'autant plus de succès qu'elles avancent sous le manteau de la neutralité. Il n'y a pas plus docile qu'un citoyen qui ne croit pas qu'on le dresse[6]. »

Espérons que nos enfants, si férus de jeux et de réseaux sociaux, soucieux de leur apparence et de leur confort, ne soient pas prêts à abandonner la société de consommation comme ils le clament parfois. Espérons qu'ils préféreront parier sur les progrès scientifiques pour résoudre les problèmes de notre temps plutôt que sur la décroissance prônée par une certaine gauche. Parmi les penseurs modernes, il en est qui proposent de relever le défi écologique par la science et le progrès technique, dans le respect de la dignité humaine et des libertés, tel Ferghane Azihari[7].

Faisons tout pour que nos enfants reçoivent une formation scientifique de bonne qualité, propre à les immuniser contre les positions purement idéologiques. Aidons-les aussi à rencontrer Kundera, Orwell, Soljenitsyne, Haffner, qui décrivent avec tant de talent cet embrigadement de la jeunesse par l'éducation, les médias, la culture. Ce sont des phares qu'on ne peut plus perdre de vue !

9

Malheur au pays dont le roi est un enfant

– Madame, dans le préau il y a deux élèves, des grands, qui tapent sur un petit ! Je leur ai dit d'arrêter mais ils continuent !

Voilà comment me harponne une jeune surveillante, un après-midi de juin, alors que je m'apprête à quitter l'école. Elle me conduit jusqu'à la scène. Je sépare trois élèves en pleine rixe : l'un des deux grands a calé la tête du plus petit sous son genou tandis que l'autre lui fait les poches en lui parlant dans l'oreille. Une vraie scène de lutte gréco-romaine !

Il se trouve que parmi eux, deux sont « à moi » comme disent les maîtresses : l'agressé et l'un des agresseurs. Le troisième est également bien connu de mon service de police (qui n'est composé que de moi-même, je tiens à rassurer les légalistes parmi mes lecteurs). Plutôt défavorablement connu, pour employer un adverbe dans l'air du temps. Du genre qui fait ses coups en douce depuis le début de l'année. Je questionne Pierre, la victime, qui m'explique que ce n'est pas la première fois qu'ils l'agressent entre la fin des cours et le début de l'étude pour lui voler ses Choco BN, sa compote et son Yop. À chaque fois, il attend la fin de ce mauvais quart d'heure, sachant qu'aucun adulte ne viendra à son secours… Je suis abasourdie.

Pris en flagrant délit, les deux agresseurs sont obligés de reconnaître leurs torts ; ils admettent qu'il ne s'agit pas d'une première. Pierre est un enfant doux, intelligent, un peu introverti : la proie idéale pour nos deux caïds. Les faits ne se sont pas déroulés sous ma responsabilité mais je sais que si je les « relâche », ils écoperont au mieux de quelques conjugaisons. Je décide donc de les sanctionner moi-même. Ils copieront les articles 312-1 et 312-2 du Code pénal traitant de l'extorsion avec violence : « L'extorsion est le fait d'obtenir par violence, menace de violences ou contrainte soit une signature, un engagement ou une renonciation, soit la révélation d'un secret, soit la remise de fonds, de valeurs ou d'un bien quelconque… » J'exige aussi que cette copie soit signée par leurs parents et le directeur de l'école avant de m'être remise, le lendemain, à huit heures trente précises. J'espère ainsi que ceux-ci les interrogeront sur cette peine exceptionnelle, ce qui les contraindrait à raconter leurs méfaits. Je leur demande enfin de restituer à Pierre l'équivalent de ce qu'ils lui ont volé après lui avoir présenté des excuses écrites et je requiers auprès de mon directeur leur exclusion temporaire. Ils repartent penauds, ce qui – je le confesse – me réjouit beaucoup !

Le lendemain, lorsque j'ouvre la porte de ma classe, le premier malfaiteur est là, droit comme un I, et me présente sa lettre et sa copie assorties d'un message de ses parents. Ils se disent atterrés par l'attitude de leur fils. Le second se balance d'un pied sur l'autre, me fixant d'un air de défi. Il n'a en main qu'un mot tout chiffonné, griffonné par sa mère : elle sollicite un rendez-vous. Tiens, tiens…

À seize heures trente, ses parents sont là. Ils me saluent à peine. La mère prend la parole, vindicative :

– Je suis d'accord pour que Gaspard soit sanctionné mais lui demander de copier cet article du Code pénal l'assimile à un racketteur. C'est injuste et violent.

– Alors que casser régulièrement la figure d'un élève plus faible pour lui voler son goûter n'est ni injuste ni violent, bien sûr… Et, pardon, madame, mais si ce n'est pas du racket, comment qualifiez-vous son attitude, alors ?

– Mon fils ne peut pas être racketteur, c'est un enfant de onze ans à peine, voyons ! Vous allez le stigmatiser. S'il devient violent, ce sera à cause de ce genre de punitions. [J'assure avoir entendu cette dame articuler cette phrase, dont, plusieurs années après, je ne peux toujours pas comprendre la logique.]

– Donc si un homme viole une femme, c'est parce qu'on prononce le mot « viol » qu'il devient violeur ? Il ne l'est pas avant ? Il faut absolument faire part de cette trouvaille à nos pénalistes, vous allez changer la face du droit.

– On ne peut pas parler sérieusement avec vous. Vous êtes tout le temps dans l'ironie. [Je me demande bien où je suis supposée me réfugier devant tant de mauvaise foi…] Mais je m'opposerai aussi à l'exclusion car elle serait mentionnée dans son dossier qui le suivrait au collège. Il ne fera pas cette punition !

– Comme vous voudrez. Vous savez, nous sommes fin juin. Je n'ai plus que quelques jours à passer avec votre

fils. Quant à vous, vous l'aurez sur les bras toute votre vie. Si vous ne l'éduquez pas, ça risque d'être compliqué.
– La lettre d'excuses, OK, mais le Code pénal et l'exclusion, c'est trop !
Je perds mon temps.
– Au revoir, madame, au revoir, monsieur. Je vous souhaite bien du courage avec votre cher ange !

Cette petite histoire se serait terminée là si je n'avais pas été convoquée par le directeur le lendemain matin :
– Madame, je n'exclurai pas Gaspard X et Thomas Y comme vous me le demandez. Si l'Inspection apprenait que nous sanctionnons aussi sévèrement des élèves qui ont simplement chahuté un de leurs camarades, je me ferais épingler. Il faut relativiser.

Depuis plusieurs jours, le petit Pierre se fait frapper, deux enfants lui volent ses goûters après l'avoir mis à terre et le directeur qualifie cela de « chahut » ? Il me demande de lever toutes mes punitions. Un bon *hug* et c'est fini ! Tremblez, petits racketteurs, vous serez privés de récré ! Et sans rancune hein, surtout ! Je sais qu'il ne changera pas d'avis : il craint trop l'inspecteur. Risquer le blâme ou commettre une injustice ? Le choix est vite fait. Je tourne les talons et regagne ma classe, excédée et résignée.

Ces élèves n'étaient pas sous ma responsabilité au moment des faits. C'est sans doute parce qu'ils savent que la plupart des adultes de l'école n'interviennent que mollement qu'ils agissent ainsi. Adultes qui confondent aussi majorité pénale avec responsabilité pénale : un adolescent de treize ans est considéré comme responsable de ses actes et peut être traduit devant un tribunal. Ces élèves de fin de CM2 ont déjà onze ans !

L'histoire que je viens de raconter s'est déroulée dans un établissement du « beau » XVIIe arrondissement de Paris, pas en ZEP ni en REP ou je ne sais quel machin d'éducation prioritaire où l'enfant est placé « au centre du système » et ne rencontre l'autorité des adultes que lors de sa première comparution devant la police. Le laxisme gagne du terrain sous l'influence de pédagogues qui idéalisent un enfant autonome, naturellement doué de morale et capable de prendre ses responsabilités, de s'autodiscipliner.

Or, le vrai enfant est capable de voler, d'intimider, de frapper au besoin. Tout le monde le sait. Le vrai enfant a besoin d'être guidé, que les adultes lui disent : « Voici notre monde », comme l'écrivait Hannah Arendt, qu'ils l'introduisent dans la société des hommes et lui en expliquent les règles afin qu'il les comprenne et qu'il les respecte. Le vrai enfant n'a pas lu Jean-Jacques Rousseau… Il ne sait pas que l'homme est bon. Et pour cause !

Et ce vrai enfant a besoin de sécurité, de bienveillance et d'autorité, pas de démocratie. Il a besoin d'un environnement sûr, pas d'adultes défaillants et soumis à ses caprices. Les institutions démocratiques régissent des relations entre pairs, entre égaux. L'école n'est pas un lieu où se fréquentent des égaux, c'est un lieu de transmission. Il existe une inégalité de fait entre un enseignant ou un directeur d'école et ses élèves.

Sur la porte de ma classe, j'ai l'habitude d'afficher un dessin de Voutch, vous savez, ce dessinateur génial. On y voit un chef viking, perché sur un bouclier, haranguant ses hommes : « En tant que chef, je serai sévère mais juste. Pour être franc, beaucoup plus sévère que juste. » C'est évidemment une boutade qui fait sourire mes élèves et leurs parents : j'essaie de ne pas commettre d'injustices et je serais navrée que mes anciens élèves, après la publication de ce livre, dénoncent mes exactions. Mais sous couvert d'humour, je leur indique que la relation entre nous ne sera pas égalitaire. Ça tombe bien, ce n'est pas cela qu'ils cherchent.

Revendiquer pour des élèves le droit de manifestation ou de grève, comme on le fait pour les étudiants, est un délire moderne, une aberration. L'école n'est pas une institution démocratique. On n'y délibère pas en permanence des méthodes et des programmes. Elle est le lieu où des gens qui savent enseignent à des gens qui ne savent pas. Encore faut-il que ces gens puissent supporter l'autorité qu'on leur confère, qu'ils se l'approprient, qu'ils ne soient pas eux-mêmes restés des enfants. Les enseignants sont pour la plupart recrutés par concours dès la sortie de leurs études, à la vingtaine. Finalement, ils sortent de l'école pour y retourner sans s'être jamais coltinés à des clients, à des prises de risques, à des choix cruciaux. Plus d'armée, pas d'entreprise, pas de jugement, pas de compétition…

Nous aboutissons donc à ce paradoxe : d'un côté nous traitons nos enfants comme de véritables citoyens, capables d'exercer des droits et de participer à la vie de la cité, et de l'autre nous ne cessons de les infantiliser. Nos villes sont remplies de petits Tanguy vivant chez papa-maman jusqu'à trente ans, ne sachant pas se faire cuire un œuf, régler une facture ou laver leur linge mais auxquels on demande leur avis sur le nucléaire, l'urbanisme ou la politique sanitaire du pays.

10

Fonctionnaire, sors de ce corps !

J'entends souvent dire qu'il faudrait pouvoir exclure les élèves dont le comportement ou les paroles sont inadmissibles. Mais comment justifier qu'un enseignant, inamovible quelle que soit la qualité ou la médiocrité de son travail et dont l'évolution professionnelle ne doit rien au mérite mais tout à l'ancienneté et au conformisme ait ce droit ? Et comment une institution pourrait-elle à la fois revendiquer le monopole et pratiquer l'exclusion ? Celle-ci est une impossibilité morale et systémique tant que l'Éducation nationale bénéficie de ce privilège. Dans *La Détresse du petit Pierre qui ne sait pas lire*, Chantal Delsol écrit : « Lorsque le mérite ne compte pas, la dégradation du travail est une sorte de destin grec. » Le fonctionnariat est une malédiction. Élèves et enseignants en sont les victimes.

J'ai assisté il y a peu à cette scène tragi-comique, à la caisse du supermarché : un père, menaçant du doigt son rejeton en lui assénant un « Putain mais arrête de dire des gros mots, merde ! ». Ridicule ? C'est pourtant exactement ce que font les enseignants qui tentent d'inculquer le sens des responsabilités et l'autonomie à leurs élèves alors même qu'ils ne répondent jamais d'aucune de leurs actions professionnelles et qu'ils obéissent à l'institution qui les emploie, le doigt sur la couture du pantalon. Ils se réunissent pour « mettre en œuvre les instructions officielles », remplissent des livrets de compétences auxquels ils ne comprennent rien et redoutent tant les inspecteurs qu'ils chamboulent toute leur organisation le jour de leur passage. C'est ainsi que des élèves qui travaillent habituellement de façon individuelle se retrouvent à travailler en groupe « pour satisfaire l'inspecteur ». Tout le monde joue la comédie. L'inspecteur sait bien que tout a été modifié pour sa visite… Les enfants ne sont pas dupes : « Qui est cette personne qui prétend aiguiser mon esprit critique et qui se comporte avec servilité ? Qui est-elle vraiment ? Comment lui faire confiance ? », ou pire : « Comment ne pas le mépriser ? » L'autorité suppose d'être exemplaire.

Malheureusement, le monopole que l'État exerce sur l'éducation ne laisse que peu de choix aux futurs enseignants. Condamnés à être mal formés par une institution à laquelle ils se soumettent petit à petit, ils se retrouvent ainsi face à des élèves auxquels ils n'ont souvent pas grand-chose à proposer : partager des poèmes qu'ils ont composés en binômes, faire des recherches sur Internet tout en se renseignant sur « les dangers d'Internet », préparer un exposé sur les jardins citoyens ou le développement durable.

Bruno, le héros de *Rééducation nationale*[1], suit avec bonheur un « stage sur l'herméneutique de la didactique » au cours duquel il fréquente « une trentaine de passionnés du “cours en séquence” [...]. À trente-cinq ans, Bruno Giboire n’avait pas encore fait le tour de lui-même et ça, c’était super ! ». Malheureusement, l’auteur n’exagère pas la vacuité de ces formations dans lesquelles l’engagement tient lieu de contenu.

Aujourd’hui, je peux avouer qu’après ma formation initiale j’étais parfaitement incapable d’enseigner la géométrie ou les pourcentages, je n’avais pas de banque de jolis poèmes, je n’avais revu aucune notion d’histoire ou de géographie et j’ignorais comment expliquer une règle de grammaire. J’ai dû tout découvrir seule. J’avais usé mes jeans pendant une année complète sur les bancs du centre de formation à gloser sur Philippe Meirieu et Éveline Charmeux, respectivement star du pédagogisme et avocate de la méthode globale d’apprentissage de la lecture. Je plains sincèrement les petits élèves de mon premier CM1 qui ont essuyé les plâtres avec moi. Ils étaient bien magnanimes !

La situation a empiré depuis et empirera encore puisque les futurs professeurs ont affaire à des gens ayant eux-mêmes de très grosses lacunes dans toutes les disciplines qu’ils enseignent. Les propositions alternatives et concurrentes aux formations étatiques sont en train d’émerger et rencontrent déjà un grand succès. Logique : les futurs enseignants aiment apprendre !

Parce que je ne vaux rien !

Dans un article paru sur le site de *L'Étudiant* en janvier 2022, Arnaud Dubois, professeur en sciences de l'éducation et co-responsable du parcours de préparation au concours de professeur des écoles à l'université de Rouen confie : « Nous n'avons pas choisi les élèves avec les meilleures notes, car ils auront une place ailleurs. » Vous avez bien lu : si vous voulez devenir enseignant à l'école élémentaire, efforcez-vous de ne pas avoir de trop bons résultats au concours. En tant que privilégié qui pourrait aussi devenir professeur d'université, voire avocat ou médecin, vous squatteriez la place d'un moins bon que vous. Soyez moyen, sans plus… Les élèves ne méritent pas les meilleurs. Une fois de plus, tout le système est orienté vers la correction de supposées injustices. Vos enfants peuvent paraphraser le slogan d'une grande marque de cosmétiques : « Parce que je ne vaux rien ! »

Pour quelles raisons des enfants respecteraient-ils ces adultes, « pas les meilleurs » ? Rappelez-vous vos professeurs : je suis presque sûre que ceux que vous admiriez et dont vous vous souvenez encore n'étaient pas les plus « cool » mais plutôt ceux qui savaient répondre à vos questions, éveiller votre curiosité pour une matière, transmettre calmement des connaissances parfaitement maîtrisées.

Les enseignants d'école élémentaire se font appeler « professeurs des écoles ». Il n'y a pas si longtemps, on les appelait « maîtres » ou « instituteurs », dénominations qui contenaient une idée d'autorité. Le maître est celui qui commande, l'instituteur celui qui redresse, le tuteur. À l'heure où l'on peut apprendre partout et de mille manières, quel est l'intérêt de se déplacer dans une école si ce n'est pour y trouver quelqu'un qui fait autorité dans un domaine, qui maîtrise une discipline sur le bout des doigts et peut répondre aux questions ? « Faire autorité », « maîtriser », « répondre », autant de termes qui soulignent la dissymétrie de la relation enseignant-élève, sa beauté aussi.

Charles Péguy écrivait dans « Pour la rentrée », en 1904 : « [...] quand une société ne peut pas enseigner, c'est que cette société ne peut pas s'enseigner elle-même ; [...] pour toute humanité, enseigner, au fond, c'est s'enseigner ; une société qui n'enseigne pas est une société qui ne s'aime pas ; qui ne s'estime pas [...]. » Et plus loin : « Comment enseigner l'enfance et la jeunesse quand tout ce qui n'est plus enfant et tout ce qui n'est plus jeune ment ? » Plus d'un siècle plus tard, nous pouvons faire nôtres ces réflexions. Nous ne savons plus enseigner car nous ne sommes plus fiers de ce que nous sommes. Quel motif de fierté peut trouver un jeune enseignant dans son métier lorsque celui-ci consiste à négocier des dictées et des permis à points avec des élèves sûrs de leurs droits et de leur valeur innée ?

Cohérence et connaissances

L'autorité d'un enseignant repose sur deux jambes. La première est sa cohérence, autrement dit son intégrité intellectuelle, l'articulation logique de sa pensée et sa capacité à rassurer l'élève quant à ses buts moraux vis-à-vis de lui : « Je suis là pour t'apprendre des choses et pour y parvenir nous allons passer ensemble par telles et telles étapes. » Menacer un élève de punition tout en restant impuissant ou inactif est surtout un excellent moyen de se discréditer.

La seconde jambe est la parfaite maîtrise des contenus enseignés : les enfants respectent ceux qui leur offrent le savoir. Ils aiment les cadeaux intelligents. Ils ont raison ! L'autorité n'est pas liée à un grade hiérarchique et les élèves n'ont que faire des concours et des diplômes de ceux qui prétendent les discipliner. Ils réclament des acharnés de la transmission.

Les centres de formation pour enseignants sont coupables de leur laisser croire qu'ils ont d'abord besoin de pédagogie alors qu'ils sont avides de contenus disciplinaires et de didactique. Un professeur ne maîtrisant pas sa matière perd immédiatement et irrémédiablement son autorité. On assiste ainsi à des scènes surréalistes de maîtresses faisant classe à vingt-cinq élèves des beaux quartiers en parlant dans un microphone pour couvrir le chahut. Cohérence et maîtrise des savoirs sont les deux mamelles de l'autorité. Inutile de crier ou de brandir des diplômes. C'est peine perdue.

Nota : il existe bien des écoles démocratiques dont c'est le projet, les parents les choisissent pour cette raison et n'attendent pas d'autorité formelle des enseignants qui y officient.

11

Les mages sont dans l'école

L'irruption de la violence à l'école, le taux d'absentéisme des élèves comme des enseignants obligent l'Éducation nationale à réaffirmer ce qui semble pourtant aller de soi : l'école doit être un lieu de bienveillance mutuelle, où règnent le calme et la sécurité. On ne peut apprendre la peur au ventre, c'est évident. La bienveillance est même consubstantielle au métier : instruire quelqu'un c'est déjà lui vouloir du bien, « veiller à son bien ».

Les châtiments corporels sont strictement interdits à l'école depuis le début du XIXe siècle. Et si des pratiques telles que les coups de règle ou même les fessées en classe ont perduré jusque dans les années 1970, aujourd'hui, la badine et le bonnet d'âne sont rangés au musée des horreurs.

Alors d'où vient cette nouvelle violence tant redoutée par l'Éducation nationale et qui l'oblige à réaffirmer l'évidence ? À y regarder de plus près, si l'incantation de bienveillance a envahi l'espace scolaire, c'est plutôt à cause des élèves et de leurs familles que des enseignants. On ne compte plus les faits divers impliquant des parents haineux ou des grands frères menaçants. Alors même que les professeurs dans un mouvement de standardisation général se poliçaient, les élèves se mettaient à piétiner les règles les plus élémentaires de savoir-vivre : politesse, ponctualité, respect de l'intégrité physique du maître. Dans certains quartiers, ils n'hésitent plus à proférer des menaces de mort puis à les mettre à exécution lorsqu'ils se sentent critiqués ou humiliés. Évoquer en classe l'extermination des Juifs peut provoquer des incidents aux conséquences incontrôlables. L'expression « faire un Samuel Paty » est devenue courante dans certaines banlieues…

Parallèlement et graduellement, le mot « bienveillance » a sensiblement changé de sens. Il ne signifie plus générosité mais indulgence, tolérance voire complaisance : suppression des notes, négociation des sanctions, passage de « contrats » avec les élèves sont aujourd'hui monnaie courante dans les écoles et à part quelques indécrottables maîtresses sur le point de partir à la retraite, hormis quelques maîtres à collier de barbe troisième-républicaine, qui pratique encore la punition écrite ou le classement des élèves ? Il faut chercher longtemps pour trouver des maîtres sévères. Pourtant la sévérité – au sens latin du mot, c'est-à-dire la gravité, le sérieux, la rigueur – empreignait l'enseignement des maîtres du début du siècle, les fameux hussards noirs de la République, qui n'étaient pas des rigolos.

Empathie obligatoire

Le « climat scolaire » – terme que l'on trouve à de nombreuses reprises dans les communications du ministère, comme s'il s'agissait d'un phénomène atmosphérique sur lequel personne n'a aucune influence – continue de se détériorer. Point de recommandations du GIEC en la matière mais de nombreuses idées fleurissant de-ci de-là pour tenter d'améliorer les « conditions de vie à l'école ». La loi du 28 juillet 2019, celle qui abaisse l'âge de l'instruction obligatoire, a été nommée par le ministère de M. Blanquer « loi pour une école de la confiance ». Plus récemment, lors de ses allocutions, Pap Ndiaye place systématiquement le bien-être dans les objectifs prioritaires de l'école. Plus l'ambiance se dégrade (« augmentation des actes de violence dans les lycées professionnels », « un collégien sur cinq concerné par la cyberviolence », nous dit le site du ministère), plus les « plans de prévention » se succèdent et plus le discours se fait incantatoire : il faut « développer l'empathie », l'école ne doit plus être « un lieu de compétition », les élèves doivent pouvoir « exprimer leurs émotions ». Oui, mais jusqu'où ? Et est-ce une solution pour calmer tout ce petit monde ? Au vu des résultats, on peut légitimement en douter.

Jusqu'à une période récente, les professeurs enseignaient leur discipline et c'est à cela qu'on reconnaissait leur mérite. Les meilleurs d'entre eux la maîtrisaient si bien, ils en étaient tellement passionnés, qu'ils ravissaient les élèves à leur grisaille quotidienne pour les emmener dans la Grèce présocratique ou leur révéler l'esthétique d'une équation.

Personne ne leur demandait d'être en même temps psychologues, experts en relaxation ou en programmation neurolinguistique, sophrologues, yogis, hypnotiseurs, coachs, masseurs ou astrologues…

Mais ça, c'était avant. Avant le bien-être et l'empathie obligatoires. Se trouvant fort dépourvus, les professeurs, directeurs, inspecteurs ont ouvert bien grand les portes de l'Éducation nationale à cellezéceux qui leur apportaient la lumière du coaching en épanouissement personnel. Ceux-ci ont glissé un pied dans l'école, puis se sont installés dans les classes. Aujourd'hui, on parle d'eux jusque dans les réunions de parents : « J'ai suivi une formation reiki, mes élèves adorent » ; « Ah, moi je leur fais faire des automassages, ils sont beaucoup plus calmes après ça ». Le bien-être est même cité dans les priorités du ministre et la médiatrice de l'Éducation nationale et de l'enseignement supérieur (si, si, cette fonction existe… elle est remplie par Catherine Becchetti-Bizot) a intitulé son rapport 2020 : « Favoriser le bien-être pour la réussite de chacun. » Au secours !

L'obsession pour l'épanouissement personnel et la réalisation de soi qui était autrefois cantonnée dans les entreprises a aujourd'hui saisi l'école. Il suffit de taper « bienveillance » ou « empathie à l'école » sur Internet pour découvrir des enseignants extatiques parlant de révolution pédagogique. Vous pourrez voir une enseignante demander à ses élèves lors de l'accueil du matin : « Tu veux quoi ? Un check ? Alors check, mon grand ! Et toi ? Un câlin ? Oh, serre-moi dans tes bras ! » Une autre dira : « On fait de l'empathie » pour qualifier ses séances de méditation, ses questionnaires « baromètre des émotions » (la version

« couleur des émotions » existe aussi), le rituel de la balle masseuse qui permet à chaque élève de « masser l'copain ». Tout ce petit monde n'a plus aucun recul et considère qu'il n'y a « rien de pire que d'être dans la réussite ou la compète ». On préfère se regarder le nombril, quitte à ne rien apprendre. Le prof est mort : vive le coach en éducation.

Le Canada connaît ce phénomène depuis plus longtemps que nous. L'AFIS (Association française pour l'information scientifique) tente d'informer le grand public sur les pseudo-sciences. Elle relate que trois écoles primaires de la ville de Lanaudière ont permis à une enseignante et orthopédagogue de proposer des ateliers parascolaires pour aider les élèves « à réorganiser leur énergie » en utilisant une approche basée sur la théorie des chakras. Aujourd'hui en France, les CPC, conseillers pédagogiques de circonscription, encouragent sur les sites des académies à organiser des séances de yoga et de relaxation en classe (académies de Rouen ou de Lille, par exemple).

Vouloir du bien, ce n'est pas faire le bien

Offrir une cigarette, un verre de vin ou de la drogue à quelqu'un : autant d'actes qui peuvent lui procurer une sensation de bien-être, lui « faire du bien » momentanément, mais qui ne sont pas bienveillants. Manger des bonbons ou rappeler son ex soulagent quelques minutes, mais ne guérissent pas. On le sait tous : ce n'est pas parce qu'une action est agréable qu'elle est bonne. Ce n'est pas parce que quelqu'un vous sourit qu'il vous veut du bien.

À l'inverse, l'effort est souvent douloureux mais payant. Les athlètes, admirés et cités en exemple par nos hommes politiques, en sont la preuve. Ce n'est pas la quête du bien-être qui a mené Kylian Mbappé à devenir le meilleur buteur de la Coupe du monde 2022.

Les tenants de l'épanouissement personnel à l'école s'appuient sur la reproduction de méthodes utilisées en entreprise et posent en axiomes des théories qui n'ont jamais été vérifiées scientifiquement. Ce que l'on veut nous dire, c'est : ne cessons jamais d'améliorer notre environnement de travail et de nous améliorer nous-mêmes car nous sommes infiniment perfectibles. Il s'agit de se calquer sur la mode du coaching personnel en entreprise en donnant à chacun les clés pour qu'il puisse se perfectionner en permanence. Apprendre à se contrôler, ce serait contrôler sa vie.

Cette idée est non seulement fausse mais aussi très culpabilisante. Que pense alors un enfant qui ne parvient pas à maîtriser ses émotions, ses résultats, ses relations aux autres ? Que doit-il faire de ses pensées négatives ? Si malgré tous ces entraînements il ne parvient pas à apprécier ses camarades de classe, les matières qu'on lui enseigne, le cadre scolaire, doit-il conclure qu'en méditant davantage il y arrivera mieux ? Qu'il n'a pas encore bien ouvert ses chakras ? Que son « copain » ne l'a pas massé suffisamment ? Que ses parents devraient l'inscrire à un atelier de réflexes archaïques ?

On a extirpé la religion de l'école, on se gargarise de laïcité « à la française » depuis plus de cent ans, mais on idolâtre les gourous de la PNL, du quotient émotionnel, de l'hypnose, du reiki jusque dans les salles de classe… Sous des dénominations scientifiques se cachent des pratiques fondées sur des résultats largement contestés aujourd'hui.

Ce n'est pas le bonheur qui fait l'apprentissage mais l'apprentissage qui fait le bonheur

L'idée sous-jacente est que les écoliers heureux sont des écoliers qui apprennent. Mais le bien-être dont on parle ici n'est pas le bonheur, tout au plus un ensemble de rituels supposés réduire l'anxiété d'enfants que l'on maintient par ailleurs dans un système générant lui-même de l'anxiété puisque insensé. On tente de soigner par des méthodes irrationnelles et qui, pour la plupart, n'ont pas fait leurs preuves des symptômes provoqués par l'éducation contemporaine elle-même. Cette bienveillance érigée en culte conduit directement à une sorte d'autobienveillance (je suis comme je suis, il faut me prendre comme ça, mes fautes ne sont que des erreurs, mes défauts sont des atouts, mes failles des différences et autres balivernes sirupeuses) et fabrique des jeunes gens incapables d'autocritique, anormalement susceptibles et vulnérables à la moindre attaque. La fameuse génération *snowflake*.

La réalité est à l'opposé : ce sont les écoliers qui apprennent qui sont heureux. C'est l'ivresse de la découverte qui les grise. C'est la maîtrise de nouveaux savoirs qui les rend forts et confiants. En cherchant à éviter aux enfants toute émotion négative, on ne les prépare pas à affronter les obstacles qui les attendent par la suite. Stéphanie Leloup est professeure d'économie dans un lycée à Charleville-Mézières. Elle a rédigé une thèse sur l'ennui des lycéens, dans laquelle elle cherche à définir le professeur idéal. On y apprend que si les élèves évoquent un professeur gentil, ils parlent encore plus souvent d'un enseignant qui « sait tenir sa classe ». Ils plébiscitent celui qui « explique bien », qui montre qu'il « aime enseigner » et qui « vérifie le travail à faire ». Ils citent également le sens de l'humour et le dynamisme comme des qualités nécessaires. Ils sont bien loin de parler d'empathie ou de sollicitude. Le fait qu'ils citent l'humour en tant que qualité est très rassurant. Finalement, se faire « chambrer » un peu par un enseignant n'est pas bien grave. Ces jeunes gens diraient sans doute comme moi que c'est la vie !

La gouroutisation de l'école

Il y a quelques années, l'école dans laquelle je travaillais a dû solliciter les services d'un cabinet de médiation afin de résoudre un conflit entre les enseignants et la direction de l'école. J'étais alors en congé maternité et le petit garçon que je venais de mettre au monde était hospitalisé à cause de sa grande prématurité. À la fin de l'entrevue destinée à faire le point sur la situation dans l'établissement, la médiatrice m'a demandé le prénom de mon fils. Sensible à cette attention, je le lui ai donné sans crainte. Mais elle a alors pris un air inspiré et, les yeux mi-clos, la paupière battante, elle a additionné la valeur de chacune des lettres de ce prénom selon les règles de la numérologie. Elle a soudain eu l'air très troublée et m'a annoncé tout de go que le résultat, 4 – de mémoire –, n'augurait rien de bon. Vous imaginez mon effarement !

J'étais sur le point de lui demander quel prénom lui aurait assuré un meilleur avenir lorsque je l'ai vue se replonger dans de savants calculs.

– Ah non, mais si on additionne la valeur des lettres de votre nom de famille, j'obtiens 7 [ou 9 je ne sais plus !]. Alors tout va bien !

Elle me garantissait en se laissant offrir le café qu'il s'en sortirait finalement, sauvé par son patronyme ! Ce sont ces gens qui sont censés résoudre les conflits dans un établissement scolaire. Vous ne serez pas surpris d'apprendre que la démarche de médiation a échoué.

L'école de la République se targue de développer l'esprit critique des élèves, de les protéger des dérives sectaires mais elle promeut en son sein des pratiques irrationnelles et chronophages. Ces courants hermétiques s'appuient sur l'effet Barnum, en référence aux talents de manipulateur de l'homme de cirque Phineas Taylor Barnum : nous sommes tous enclins à accepter une description de notre personnalité si elle est suffisamment vague et flatteuse. Nous écoutons volontiers les gourous qui pointent chez nous des qualités, une puissance, des prédispositions, des talents car ils nous valorisent. « Parlez-moi de moi et je serai à vous. » Les charlatans du développement personnel le savent bien. Toute honte bue, ils n'hésitent plus à appliquer leurs méthodes manipulatoires aux élèves et à leurs enseignants. Or l'école n'est pas là pour flatter mais pour transmettre des connaissances, une culture commune. Les efforts, les évaluations régulières et sans concessions, les critiques, l'autocritique sont nécessaires à l'apprentissage.

Il serait bon de rappeler à un directeur qui se félicite que les élèves de son établissement méditent en pleine conscience que cette pratique issue du bouddhisme n'a pas grand-chose à faire dans une école laïque, que ses effets positifs ne sont pas démontrés et qu'elle est surtout à l'origine d'un commerce très lucratif. Le livre *Calme et attentif comme une grenouille* s'est très bien vendu et inspire de nombreux enseignants. Son auteure, Eline Snel, a créé l'Académie pour l'enseignement de la pleine conscience (Academy of mindful teaching), qui propose des formations dans les écoles. Elle affirme avoir développé sa méthode en se mettant « en contact direct avec l'âme des enfants, au cœur de leur vécu, dès l'âge de quatre ans ».

Pendant que cette dame et ses disciples s'occupent de l'âme des élèves dans des écoles laïques, desquelles la religion a été violemment extirpée par la loi Combes de 1904 qui interdit l'enseignement à toutes les congrégations religieuses, personne ne s'occupe de les instruire : le temps passé à méditer avec les élèves ne l'est pas à enseigner[1]... Que chacun recoure dans la sphère privée aux techniques de relaxation qui lui conviennent, mais l'école ne doit pas voler le temps des enfants pour les gaver de pseudo-sciences.

12

La littérature, c'est moderne !

J'ai quitté ma famille à dix-sept ans pour suivre des études à Paris. Je ne savais pas encore qu'un jour je deviendrais maîtresse d'école. J'ai expérimenté d'autres métiers avant de réaliser ce rêve de petite fille. Pourtant, en partant, j'avais subtilisé un manuel de lecture destiné aux élèves de cours moyen. Ce livre appartient à mon père. Il l'avait reçu en 1955, alors qu'il usait ses culottes courtes sur les bancs de la communale. Je l'avais dévoré enfant. Il a un peu jauni mais je ne l'ai jamais égaré. De déménagement en déménagement, il m'a suivie. J'en ai même dégoté un second pour que mes élèves puissent en profiter sans abîmer l'exemplaire paternel, si cher à mes yeux. Ce manuel s'intitule *Une semaine avec…* et propose aux enfants de découvrir une quarantaine d'auteurs à travers des extraits suivis. Il s'agit donc bien, à proprement parler, de passer une semaine avec Rabelais, La Fontaine, Vigny, Hugo, Lamartine et d'autres merveilleux écrivains. Pas de littérature jeunesse contemporaine. Pas d'adaptations. C'est une réussite absolue. Je n'ai jamais trouvé cette qualité dans les manuels de lecture modernes, et

Dieu sait que j'en ai feuilleté beaucoup. Ce bijou est accessible dans son intégralité sur Internet.

Mes élèves aiment ce livre. Ils l'empruntent pour le rapporter chez eux. À leur tour, trois générations plus tard, ils passent une semaine avec les plus grands auteurs de la langue française. J'ai bien écrit « les auteurs de la langue », ceux qui ont fait la langue.

Je pensais avoir volé un livre, j'avais volé un feu.

Exigence et ambition ne sont pas des gros mots. Il est de la responsabilité des professeurs de refuser de lobotomiser des générations entières à coups de mauvaise littérature. L'illettrisme ira croissant si l'on ne réhabilite pas les classiques dès l'école primaire. Et pas en version « classiques abrégés », ni expurgés de leurs difficultés ! Dénaturer les textes pour les rendre accessibles revient généralement à trahir l'auteur et à affaiblir l'intrigue. Avant d'en ranger un exemplaire dans la bibliothèque de ma classe, je me rappelle avoir vanté la lecture de *Sans famille* à mes CM1 :

– Vous verrez, c'est très prenant : on s'émeut, on tremble, on frémit avec le petit Rémi.

Pour appuyer mon propos, j'ai évoqué le passage où le jeune héros est pris au piège d'une mine. Il m'était resté en mémoire depuis ma propre lecture quelques décennies auparavant. Quelques jours plus tard, une petite délégation d'élèves m'a signalé que ce passage était introuvable dans l'édition que je leur avais procurée : l'éditeur avait peut-être jugé qu'il était trop dur pour des jeunes lecteurs (Rémi y fait mentalement ses adieux aux êtres qui lui sont chers) mais le récit perdait l'une de ses scènes les plus poignantes, l'une de celles qui marquent à jamais.

Mes élèves étaient affreusement déçus. L'abréviation ou l'adaptation d'un texte narratif constituent des exercices périlleux.

Il en est de même des œuvres classiques détournées, pastichées voire inversées qui fleurissent dans les programmes. On propose des « contes à l'envers » à des enfants qui n'ont jamais lu les contes... à l'endroit. Ils ne peuvent évidemment pas profiter du détournement. Chaque année j'étudie une série de contes de fées en classe. D'abord pour le plaisir puis pour en repérer les « routines » narratives et grammaticales, le système de temps imparfait-passé simple et pour développer la culture littéraire de mes loupiots. Je commence systématiquement par leur demander de me raconter par écrit ou à l'oral un conte qu'ils connaissent bien. Les années passent et je constate avec stupéfaction que les élèves d'aujourd'hui sont pour la plupart incapables de raconter un conte classique en entier, de manière cohérente. Ils sont nombreux à confondre contes et science-fiction ou même heroic fantasy.

La pierre angulaire : la culture des hommes blancs des siècles passés

On sait aujourd'hui, par différents travaux sur l'intelligence artificielle, que les compétences ne sont pas dissociables des connaissances, celles-ci venant enrichir la mémoire à long terme à laquelle recourt la mémoire de travail. Il est donc crucial d'établir quelles connaissances génèrent le plus grand bénéfice cognitif, celles qui permettent de se sentir le plus à l'aise avec la déduction, la création et qui permettent l'autodidactisme, c'est-à-dire la capacité des individus à apprendre ce qu'ils souhaitent sans avoir besoin de recourir à un enseignant ou à une institution, par la lecture ou la pratique personnelle d'une discipline. Ce sont ces connaissances qu'il faut enseigner puisqu'il s'agit de rendre les enfants curieux et autonomes. C'est exactement la démarche qu'ont empruntée les concepteurs du programme Core Knowledge, adopté par de nombreuses écoles américaines et dont s'est inspiré l'État du Massachusetts pour réformer son système scolaire en 1993. On parle du « miracle du Massachusetts » : le fait de remettre les connaissances et l'étude des classiques tels Shakespeare ou Homère au cœur des apprentissages a permis d'améliorer très significativement les résultats des élèves de cet État américain.

Constatons avec le psychologue Daniel T. Willingham[1] : « La plupart des connaissances que les auteurs présupposent chez leurs lecteurs semblent être des pierres angulaires de la culture des hommes blancs des siècles passés. » Willingham parle ici de journalistes et d'écrivains contemporains. En d'autres mots, si l'on veut aider nos élèves, il faut leur enseigner à lire et à bien lire les textes anciens, ceux des « hommes blancs des siècles passés » car le vocabulaire, le contexte, les références des textes contemporains ne leur seront aisément accessibles qu'à cette condition. Ne pas le faire revient à poser des obstacles supplémentaires à leur réussite académique puis à leur bonne compréhension du monde moderne. J'insiste : il s'agit de leur permettre ainsi d'accéder à des textes contemporains.

Dans *La Fabrique du crétin*[2], Jean-Paul Brighelli écrit

avec beaucoup d'humour : « Le gourou des nouvelles pédagogies, Philippe Meirieu, voulait jadis apprendre à lire dans les notices industrielles. À sacrifier par idéologie la belle langue, on en arrive, et c'est logique, à désarticuler la langue la plus simple. Étudiez La Fontaine, vous saurez lire *La Cuisinière provençale* et autres merveilles. Balbutiez sur le mode d'emploi des perceuses et vous ne saurez plus lire du tout. »

Rabelais, Saint-Exupéry, Maupassant, Flaubert, Vigny et leurs comparses, qui se souciaient peu de parler aux lecteurs de leur quotidien ou de les froisser en n'étant pas assez féministes ou inclusifs, doivent retrouver leurs places sur les étagères des écoles et dans les cartables des élèves. Ceux-ci y découvriront la complexité des conjugaisons en même temps que l'amour fou, la jalousie et la haine féroce ; les propositions subordonnées incises leur parleront de trahison, de guerre et de bravoure ; ils fricoteront avec des épithètes et des attributs qualifiant des génies malfaisants et de fatales héroïnes. Ils apprendront à maîtriser la voix passive et leurs désirs mimétiques avec Swann, Javert, Didon et Iago. Cessons de leur servir de la bouillie mal traduite et des récits expurgés de toute violence : la littérature est aussi faite pour vivre d'autres vies que la sienne. Gageons qu'ils trouveront ça addictif et… ludique.

Comme le dit Renoir, le professeur réac de *Rééducation nationale*, l'excellent roman de Patrice Jean : « C'est là l'importance de la vraie littérature. Elle nous soustrait à la mélasse du jour, elle nous oblige à voir les choses autrement ne serait-ce que par son éloignement dans les siècles : lire Montaigne ou Chateaubriand, c'est se confronter à un mode de perception étranger au nôtre, et dès lors c'est perdre de notre superbe, c'est-à-dire de notre connerie. Les livres qui confortent l'esprit du temps sont de l'anti-littérature. »

Proust, parlant de ses lectures d'enfance, écrivait : « Ce qu'elles laissent surtout en nous, c'est l'image des lieux et des jours où nous les avons faites. Je n'ai pas échappé à leur sortilège[3] [...]. » Plus loin : « Nous sentons très bien que notre sagesse commence là où celle de l'auteur finit, et nous voudrions qu'il nous donnât des réponses quand tout ce qu'il peut faire est de nous donner des désirs. » Mais quel cadeau ! Le désir n'est-il pas le moteur de la vie ? Proust en fait même le seuil de la vie spirituelle. De quel droit une institution supposée édifier nos enfants les prive-t-elle sciemment, au nom de la lutte contre les inégalités de classes, de l'héritage auquel ils ont droit, celui dont les générations précédentes ont bénéficié ? Cet iconoclasme est difficilement explicable et, dans tous les cas, injustifiable, mais il est. Seuls des adultes avisés peuvent sauver les enfants de ce maoïsme maquillé en « valeur de la République ».

Lire des grands textes ? Mais c'est difficile !

Avant d'attaquer Hugo ou Flaubert, il faut apprendre à lire correctement. Assurez-vous que vos petits anges bénéficient d'une bonne méthode de lecture, c'est-à-dire alphabétique ou syllabique. Les méthodes globales ou semi-globales ne fonctionnent pas avec tous les élèves, on le sait. On ne joue pas les apprentis sorciers avec des enfants. Leur utilisation est pourtant encouragée par les programmes. On peut lire dans les instructions officielles (toujours ces fameuses « IO »), dans les objectifs du cycle 2 : « Reconnaître des mots fréquents et des mots irréguliers mémorisés. » Reconnaître n'est pas décoder. Reconnaître n'est pas lire. On reconnaît une image, une personne, un objet, on ne le lit pas. Il existe un livre intitulé *Enseigner la lecture au CP, guide des manuels syllabiques*[4], dans lequel vous trouverez toutes les références, la grille d'analyse des manuels et des conseils. Il n'est pas réservé aux enseignants. Rien n'interdit aux parents de se saisir du sujet et de questionner les établissements sur leurs choix en la matière. Les méthodes Nuyts, Boscher ou Cuissart sont excellentes. N'oubliez pas que de nombreux enseignants ont renoncé à transmettre, soit par idéologie, soit par confort : ils gardent six heures par jour des enfants qu'ils estiment mal éduqués, fatigants, ils les occupent mais ne se soucient guère de leur avenir. Jetez un œil à la bibliothèque de la classe et de l'école. Si vous n'y trouvez que des auteurs contemporains, soyez méfiants. C'est sans doute parce qu'on y suit aveuglément les programmes.

Une fois la lecture acquise, que proposer aux enfants ? Comment échapper aux produits dérivés des séries et dessins animés, au mauvais français, voire au français directement dérivé de l'anglais, et éviter de tomber dans les pièges idéologiques tendus par la littérature dite « jeunesse » : écologisme, antiracisme et moraline ? Vous voulez qu'ils réussissent ? Le petit Alexandre le Grand dormait avec une édition de l'*Iliade* annotée par Aristote. Il faut prendre très jeune l'habitude de bonnes lectures : des ouvrages respectueux de la langue et s'il s'agit d'albums, agréablement illustrés. La laideur n'est pas obligatoire même si elle est très répandue.

Les contes et la mythologie font toujours un tabac auprès des petits : Perrault, Grimm, Andersen et les héros des mythologies grecque et romaine sont incontournables pour qui veut transmettre un patrimoine littéraire. Ils regorgent de héros jeunes, bravant les pires dangers, où l'incompréhension, le rejet, permettent aux enfants et adolescents de s'identifier facilement. On peut y ajouter les récits initiatiques tels que *Pinocchio*, *Robinson Crusoé*, *Oliver Twist* ou encore *Sans famille*. À l'adolescence, sachez vous méfier des charmes (souvent très *dark*) de la teen-litt. Pourquoi ne pas leur proposer tout de suite la fréquentation des plus grands auteurs ? Rien à craindre : nombre de leurs œuvres sont accessibles aux jeunes lecteurs : Colette, Balzac, Saint-Exupéry, Maupassant, Soljenitsyne, Jünger, Tchekhov, Pagnol, Camus, Kessel... Le choix est cornélien.

Pour donner le goût de la littérature, on peut aussi écouter les beaux textes. Un jour d'été, il y a une quinzaine d'années, alors que je profitais éhontément de mes longues vacances d'enseignante pour prendre le soleil en écoutant la radio, j'ai entendu Raphaël Enthoven lire « La mort de la grand-mère », extrait d'*À la recherche du temps perdu*, à la radio. Le livre m'était tombé des mains plusieurs fois auparavant. Mais ce jour-là, j'ai cessé toute activité pour vivre l'émoi du narrateur devant la beauté de sa grand-mère morte. Et après avoir entendu : « La vie en se retirant venait d'emporter les désillusions de la vie. Un sourire semblait posé sur les lèvres de ma grand-mère. Sur ce lit funèbre, la mort, comme le sculpteur du Moyen Âge, l'avait couchée sous l'apparence d'une jeune fille », je me suis précipitée chez le libraire pour acheter *Du côté de chez Swann*, le premier volume, que j'ai dévoré en quelques jours. J'ai passé la fin des vacances comme suspendue aux souvenirs de Marcel. Je suis certaine de la puissance d'une bonne lecture à voix haute en observant la concentration de mes propres enfants à l'écoute de certains podcasts. Je pense à ceux de Quelle histoire, dédiés à la mythologie. Pas un trajet en voiture sans que le dernier, six ans aujourd'hui, me réclame « Achille et Patrocle ».

Ah oui ! N'oubliez pas de lire devant vos enfants, sans quoi ils pensent que c'est une activité ennuyeuse. Car que voient-ils ? Que font les grands lorsqu'ils ont du temps libre ? Lisent-ils ? Non, ils facebookent, whatsappent ou regardent la télévision. Or, ce que font les adultes leur paraît transgressif et la transgression, c'est fascinant, c'est désirable. Ne candycrushez plus sous le manteau : hugolisez plutôt et faites en sorte de vous faire attraper ! Rien de tel pour susciter la curiosité. Qu'est-ce qui rend maman addict ? C'est TikTok ? Non c'est *Moby Dick* !

13

L'école privée ? C'est pour les riches !

> « On n'entre pas dans le public parce qu'il est meilleur mais parce qu'il est monopolistique. »
>
> Chantal Delsol,
> *La Détresse du petit Pierre qui ne sait pas lire*

Octobre 2022. L'Éducation nationale rend public l'IPS, indice de position sociale. Élaboré dès 2016, il est calculé à partir de la CSP (catégorie socioprofessionnelle) des parents et d'autres critères comme le nombre de livres au foyer des élèves, leur temps passé devant les écrans, leurs loisirs, etc. Le ministère attribue arbitrairement une valeur à chacun de ces critères et en déduit si l'environnement des élèves est favorable à leur réussite scolaire ou non. Sans surprise, on considère qu'être fils de chômeurs ou d'ingénieurs ne procure pas la même « aisance » scolaire. Cet indice était tenu aussi secret que le code nucléaire jusqu'alors mais il est immédiatement très largement diffusé par les médias, école par école. Tout le monde semble tomber de sa chaise : l'école française est inégalitaire. Les gosses de riches vont dans le privé ! Quel scandale. Secret de polichinelle ? Pas grave, en France on aime détester les riches, quelle qu'en soit la raison. Le fait qu'ils paient leurs écoles et – par là même – qu'ils coûtent moins cher à un État auquel ils versent des impôts souvent très lourds ne console personne. Ils ont trop d'argent : qu'ils paient deux fois, épicétou !

Invitée sur un plateau de télévision pour en débattre avec l'une des conceptrices de cet indice, je creuse un peu l'affaire. Je cherche évidemment quel est l'indice de position sociale des écoles de la ville où je réside : en l'occurrence, l'école publique a ici un IPS sensiblement supérieur à celui de l'école privée sous contrat. Je fais d'autres recherches dans des villes de province que je connais un peu et la situation me semble beaucoup moins schématique que celle présentée par les médias.

Cet indice n'est pas un simple hochet pour se faire plaisir dans les dîners du ministère. C'est un outil de gestion de l'argent public, le vôtre, le mien. L'Éducation nationale prend en compte l'IPS moyen des établissements pour répartir les budgets entre académies. Les directeurs académiques l'utilisent pour décider de l'allocation des moyens d'enseignement établissement par établissement. En l'espèce, l'État remplace sa sacro-sainte égalité par une démarche d'équité : il ne donne plus la même chose à tout le monde mais donne plus à ceux dont il pense qu'ils en ont le plus besoin. La réparation des injustices est devenue une mission régalienne.

La méthode est éminemment contestable : d'une part la valeur attribuée à chaque critère est arbitraire ou à tout le moins inexpliquée, d'autre part les écarts-types qui donnent les moyennes servant de base aux redistributions ne sont pas fournis. Quoi qu'il en soit, ces statistiques aboutissent toujours à la même analyse : l'école privée serait réservée aux riches.

C'est pourtant bel et bien le contraire : qui peut se payer le luxe de laisser ses élèves à l'école publique ? Ceux qui ont une résidence, ou au moins une adresse, dans les beaux quartiers. Pour les autres, l'urgence est plutôt de trouver une alternative à « l'école du coin ». Et ces alternatives se multiplient, sous forme d'écoles libres de la tutelle étatique. Non seulement les écoles privées ne sont plus réservées aux riches, mais l'école publique n'est aujourd'hui « praticable » que par les familles les plus aisées.

Il existe des écoles privées pour tous

Il faut rouler longuement entre les champs de betteraves et traverser de nombreux villages aux murs de brique défraîchis avant d'arriver au Cours Clovis, situé à La Fère, dans l'Aisne. Dans ce coin de la « France périphérique », les commerces et services publics ont fermé les uns après les autres, le chômage des jeunes est de 50 % et le taux de décrochage scolaire de 40 %. Ici plus personne ne croit aux promesses de l'État-providence. Les habitants de ces territoires se sentent déclassés, méprisés, abandonnés. C'est ici qu'une petite équipe a décidé de créer une structure pilote du réseau Excellence Ruralités en 2017. Elle compte aujourd'hui un collège de quarante élèves et une école primaire de cinquante-six élèves. Les frais de scolarité se montent à 50 euros par mois. Pourtant, comme toutes les écoles qui se créent en France, celle-ci est « hors contrat », indépendante de l'État, dont elle ne reçoit ni aides ni subventions ; il a fallu trouver des sources de financement alternatives. En France, la liberté se paie cher.

Exigence et liberté

Jean-Baptiste Nouailhac, son jeune fondateur, se veut « libre de ses moyens, comptable de ses résultats ». Il m'invite à pousser les portes des classes sises dans des constructions modulaires, sur le parking d'un ancien supermarché. « Nous avons acquis un petit château pour un euro symbolique mais de gros travaux sont nécessaires avant de pouvoir y installer l'école », m'explique-t-il. Il ajoutera plus tard qu'il s'agit du château où est né le père d'Henri IV, Antoine de Bourbon.

Dans une classe de CP-CE1, sept élèves révisent un poème. Ici on apprend ses récitations en classe et chaque vers s'accompagne d'un geste défini collectivement. L'enseignante m'explique qu'il s'agit de s'adresser aussi bien à la mémoire kinesthésique qu'à la mémoire visuelle ou auditive des élèves, visiblement ravis. J'observe que les élèves de CP écrivent au stylo-plume, pratique aujourd'hui très rare. Les affichages sont clairs et complets : des cartes, des frises chronologiques, des repères orthographiques et calligraphiques… En CE2, l'enseignante fait appel à la manipulation pour l'addition avec retenue.

Le calme règne dans les classes. Les élèves sont souriants, naturels, prennent des initiatives, participent. Il est difficile de croire que l'on a affaire à d'anciens décrocheurs scolaires, des enfants harcelés, en échec. Attention, il ne s'agit pas de les ménager au motif qu'ils viennent de milieux modestes ou que leur expérience de l'école est négative. Bien au contraire : on les pousse, on les suit, on exige d'eux des efforts et on leur donne le meilleur : la littérature classique, un enseignement chronologique de l'Histoire, beaucoup de calcul mental… Les enseignants sont libres de choisir leurs manuels à condition que la pédagogie soit progressive. Ils vouvoient leurs élèves et leur parlent comme à des adultes.

Nous sommes un jeudi. J'ai de la chance : le jeudi les professeurs partagent une passion personnelle avec de petits groupes d'élèves. Le professeur de sport et de sciences a entrepris une partie de jeu de stratégie avec quelques élèves de quatrième. Ils analysent leurs victoires, leurs échecs, semblent passionnés ! Dans le couloir qui mène à la sortie, trois élèves profitent de l'atelier bricolage proposé par le professeur de français pour réparer des porte-manteaux et des étagères. Il existe aussi des ateliers cuisine ou écologie. La relation entre les professeurs et leurs élèves s'enrichit et se développe aussi dans ces moments de partage, moins formels. Ces élèves ont besoin d'adultes présents et fiables. Les enseignants assurent également les surveillances et les études du soir.

Ancrer les élèves dans le terroir et dans l'histoire

Les familles qui font le choix d'inscrire leurs enfants ici le font souvent par crainte du déclassement. Elles se sentent méprisées par l'école publique, n'y trouvent plus d'interlocuteurs. Jean-Baptiste me fait remarquer à quel point il est difficile pour ces jeunes gens de s'aimer dans ce monde rongé par le chômage et la misère culturelle. Leurs prénoms, leurs références sont américaines ou méditerranéennes alors qu'ils vivent au cœur même de l'ancien royaume des Francs. Il est convaincu qu'il est possible de faire émerger de nouvelles élites ici même, de ré-ancrer ces jeunes gens dans leur territoire : l'école multiplie les visites de villes et de monuments axonais et intéresse les élèves à la géographie et à l'économie locales. Le nom de l'école, Cours Clovis, a été choisi en concertation avec les élèves.

Rançon de la gloire

À l'heure du déjeuner, je papote avec la mère d'une élève devant la grille.

– Je ne sais pas où elle serait aujourd'hui si cette école ne l'avait pas sauvée, me dit-elle.

La petite confirme ces paroles reconnaissantes d'un sourire radieux.

Lorsque j'interroge Jean-Baptiste sur ses relations avec les écoles et collèges publics alentours, il les qualifie de « fraîches ». Logiquement, l'Éducation nationale voit d'un mauvais œil une structure privée réussir là où elle échoue. Face au succès du Cours Clovis, elle n'est pas restée inactive. Dès 2019, elle a ouvert dans la même commune le seul micro-collège pour les décrocheurs de l'Éducation nationale… Elle n'a pas, elle, à courir après les mécènes pour payer ses enseignants puisqu'elle est financée par l'impôt.

Au Cours Clovis les parents paient donc 50 euros par mois et par enfant, preuve que l'on peut proposer une scolarité de qualité accessible aux plus modestes. Mais si l'immense majorité des créateurs d'écoles souhaiteraient pouvoir offrir des frais de scolarité abordables, voire la gratuité à leurs élèves, ce qui les mettrait à égalité concurrentielle avec l'Éducation nationale, ils se voient obligés de payer l'ensemble de leurs prestations, y compris la location ou l'achat de leurs locaux, là où l'Éducation nationale vit sur une rente.

Lignes de force

Une centaine de ces écoles libres voient le jour en France chaque année. Leurs projets sont variés : écoles bilingues, dédiées aux décrocheurs, aux enfants neuro-atypiques, *forest schools*, pédagogies alternatives…

Derrière cette remarquable diversité se dégagent quelques points communs :

– une grande prudence financière : contrairement à l'Éducation nationale, elles doivent atteindre un équilibre budgétaire pour survivre. Le coût d'un élève y est généralement sensiblement inférieur à celui d'un élève scolarisé dans le système public ;

– une excellente insertion dans le tissu économique et social local. Enseignants et élèves participent à la vie du quartier, du village. Ce sont des écoles ouvertes et qui prennent en compte la diversité de leurs élèves, notamment sur le plan financier ;

– la pugnacité de leurs fondateurs, qui sont de véritables chefs d'entreprise et à ce titre des modèles pour les enfants. Ils ont l'espérance chevillée au corps et l'esprit d'aventure. Il faut en avoir pour se lancer dans la création d'une école dans un pays où le monopole légal règne en la matière.

Si les parents pouvaient choisir l'école de leurs enfants, il est à peu près certain qu'ils déserteraient en masse l'école publique. C'est exactement ce que redoute l'État qui fait tout pour diaboliser l'école libre.

14

La liberté au secours de l'école[1]

Il est deux mythes tenaces : l'école de la République serait une garantie d'égalité et elle serait gratuite. Or nous savons bien que sur les 20 % de jeunes gens « en situation d'illettrisme » pour utiliser le drôle de lexique novlanguesque de l'administration française, une majorité est issue des quartiers « défavorisés », rhétorique marxiste passée dans la langue courante une fois de plus. Les petites gens sont donc moins bien servis par l'école. Où est l'égalité ?

Quant à la gratuité : un élève de primaire coûte environ 7 000 euros par an à l'État, un élève de collège 4 000 euros de plus[2]. La moitié des Français paient pour que les élèves « bénéficient » du lavage de cerveaux de l'école de la République. Théorie du genre, écologisme, technophilie galopante sont financés par les impôts avec le résultat que l'on sait : des jeunes gens incapables de comprendre un article de la presse quotidienne ou d'envoyer un curriculum vitae sans erreurs d'orthographe.

Comme le dit Chantal Delsol : « Une élite bien-pensante a désigné le pauvre peuple pour vivre dans une cabane égalitaire. » Mais 50 % des Français scolariseraient leurs enfants dans un établissement privé s'ils le pouvaient. La proportion est sensiblement plus importante chez les sympathisants de droite mais, même à gauche, ce souhait est présent chez plus de 40 % des parents. Plus de 80 % des Français trouvent que ce serait une bonne chose de pouvoir au moins choisir… Mais voilà : ils ne le peuvent pas. La carte scolaire, la stricte limitation du nombre d'écoles privées sous contrat, les tracasseries administratives incessantes que subissent les écoles indépendantes et le fait que l'on prélève par l'impôt le coût de l'école publique – tout en affirmant éhontément qu'elle est gratuite – réduisent drastiquement les possibilités des parents. Et comme si les contraintes pesant sur les écoles privées n'étaient pas encore assez lourdes, les plus récentes évolutions juridiques liées à la loi contre le « séparatisme » font encore reculer la liberté d'enseigner. Plutôt que de sanctionner les abus de quelques-uns, on restreint la liberté de tous. Comme le souligne le juriste Pierre Delvolvé, « en substituant un régime administratif à un régime judiciaire, on prive de garanties légales la liberté d'enseignement ».

Il existe une idée fausse selon laquelle l'école publique est, à l'inverse du privé, démocratique, socialement neutre et au service de tous les enfants sans distinction. Gabriel Langouët et Alain Léger, de l'université de Caen, notent au contraire que le secteur privé est un lieu de meilleure réussite pour les enfants des classes populaires et concluent ainsi : « Le secteur public est plus démocratique par son recrutement social, certes, mais le secteur privé est plus démocratique parce qu'il réduit les écarts sociaux de réussite. » Ils remarquent aussi que la composition sociale des deux secteurs s'est modifiée dans le sens d'une indéniable démocratisation du secteur privé. L'efficacité des deux secteurs s'est transformée : le secteur privé a continué à réduire plus vite que le secteur public les inégalités sociales de réussite.

Aujourd'hui, seuls peuvent s'offrir le luxe de laisser leurs enfants dans le public les habitants des très beaux quartiers ou ceux qui ont la possibilité d'échapper à la sectorisation à l'aide de passe-droits : les mieux informés, les plus aisés. Alors même que les familles les plus modestes subissent les effets de la sectorisation, de la désertification, de la mise au ban de leurs quartiers et finissent par se tourner, comme on l'a vu plus haut, vers les écoles privées mais hors contrat cette fois-ci.

La liberté scolaire contre les inégalités

Un récent sondage de l'Ifop révèle que 56 % des Français pensent que l'État peut faire progresser l'égalité des chances en permettant aux plus défavorisés d'accéder à l'école (publique ou privée) de leur choix, en prenant en charge les frais de scolarité et en supprimant la carte scolaire (enquête réalisée les 9 et 10 mai 2023).

Les élèves et leurs parents souhaitent majoritairement pouvoir choisir leur établissement scolaire. Il faut donc établir une concurrence entre les écoles, qu'elles puissent proposer des projets variés et adaptés à la diversité des enfants tout en se mesurant les unes aux autres, comme le font les entreprises dont seules les plus performantes survivent. Il ne s'agit pas de pulvériser l'Éducation nationale, non, mais de permettre aux familles et aux enseignants qui le souhaitent d'avoir le choix. Qui dit choix, dit responsabilité. Il devient impossible de prendre l'école pour une simple garderie lorsqu'on est informé et libre d'inscrire son enfant dans l'école la plus adaptée. Or il faut souhaiter à chacun de nos enfants, de nos élèves, de pouvoir devenir responsable et maître de sa formation.

Il existe plusieurs formules permettant de restituer cette liberté aux individus : sous forme de défiscalisation, de chèque éducation, de compte-épargne. Ces dispositifs ne pourraient bénéficier qu'à des établissements scolaires ou universitaires dont l'État aurait examiné les projets et dont il exigerait qu'ils permettent aux élèves d'atteindre des objectifs très clairs : savoir lire, écrire, compter, connaître l'histoire et la géographie de son pays… Autant de connaissances qui seraient évaluées à l'entrée en sixième, en troisième puis à la sortie du lycée par des examens nationaux. De la même façon, les chefs d'établissement seraient libres de choisir leurs équipes enseignantes, de les former, de les gérer comme le fait un chef d'entreprise. Les deux premières causes de désaffection pour ces métiers sont l'absence de liberté géographique et le sentiment de contrainte pédagogique. Les professeurs aussi réclament de l'air ! On sait également que les pays dont les performances éducatives sont les meilleures (Estonie, Finlande et même Suisse où le chômage est très faible) sont ceux qui laissent une totale autonomie aux écoles et dans lesquels il n'existe ni ministère de l'Éducation ni corps d'inspection. On y privilégie l'autonomie de maîtres auxquels on offre des formations initiales et continues de grande qualité.

Ainsi, les parents des « quartiers » ne seraient plus cantonnés dans leurs choix. Ils pourraient comparer en toute transparence les performances des écoles. Ils seraient à égalité avec ceux qui peuvent aujourd'hui scolariser leurs enfants dans la « bonne école » parce qu'ils ont les moyens de la payer en plus de leur contribution par l'impôt. Rien à voir avec les formules incantatoires habituelles : « plus de république », « plus de vivre-ensemble, « plus de laïcité ». Quelques mesures concrètes de libéralisation pour des résultats rapides et mesurables.

> « Le plus pressé, ce n'est pas que l'État enseigne, mais qu'il laisse enseigner. Tous les monopoles sont détestables, mais le pire de tous, c'est le monopole de l'enseignement. »
>
> Frédéric Bastiat

Les initiatives privées fleurissent aujourd'hui malgré tous les bâtons que l'État tente de mettre dans les roues des créateurs d'écoles. Il sera bien forcé de reconsidérer le financement de l'instruction et d'abandonner son monopole afin de garantir à chaque élève la possibilité de choisir le meilleur endroit où s'épanouir.

15

À l'école, le masculin ne l'emporte pas

Salle des profs, intercours de fin d'année, au moment de la répartition des élèves :

– Moi, je préfère les ambiances de filles. C'est plus calme !

– C'est injuste : l'année prochaine, j'ai trois garçons de plus que toi, il faut rééquilibrer…

– Non mais Lucas, il est calme, pour un garçon. Tu verras, vous allez bien vous entendre !

Ces phrases fusent. Spontanées, elles semblent bien innocentes. Les garçons à l'école sont vus comme perturbateurs, indisciplinés, frondeurs, paresseux, « pénibles », tout le monde le sait. Ils le savent. Ils disent d'eux-mêmes : « J'écris bien pour un garçon, madame », « La lecture c'est pour les filles » ou « Mais de toute façon y a que les filles qui sont premières de classe. Moi j'ai aucune chance ».

Imaginez un instant que l'on parle de vous uniquement pour souligner vos travers, votre côté pénible, insupportable, fatigant. Vous en seriez sans aucun doute attristé. C'est ce que l'on fait pourtant très régulièrement avec les petits garçons.

La nature est têtue, faisant naître à peu près autant de garçons que de filles. Il faut bien les scolariser eux aussi, puisque l'école est obligatoire. Depuis des décennies, les sociétés occidentales, et la société française ne fait pas exception, se concentrent sur les discriminations dont souffrent la gent féminine ; l'école en a même fait une mission. Elle en oublierait presque qu'elle doit s'attacher à la réussite de tous. Or le mal-être des garçons est croissant : plus souvent en échec, ils se montrent aussi plus violents, tombent davantage dans la dépression ou la phobie scolaire. En 2017, 84 % des filles ont obtenu le bac contre 73 % des garçons. 27 % des filles avec mention. 22 % des garçons. À vingt ans, plus de 50 % des filles sont en licence contre un tiers des garçons seulement. Les classes SEGPA (sections d'enseignement général et professionnel adapté, qui « accueillent des élèves présentant des difficultés scolaires graves et persistantes auxquelles n'ont pu remédier les actions de prévention, d'aide et de soutien[1] ») sont constituées de 70 % de garçons. Deux tiers des jeunes sortant du système scolaire sans aucune qualification sont des garçons. 76 % des filles affirment lire « pour le plaisir », seulement 60 % des garçons. Or on sait à quel point lecture et réussite scolaire sont corrélées.

On pourrait égrener les statistiques longtemps : elles démontrent toutes cette hégémonie scolaire féminine, qui concerne l'Europe entière, en particulier les pays dits méditerranéens. Hégémonie qui se poursuit dans les études supérieures et se traduit depuis quelques années dans la vie professionnelle. La présence des femmes augmente particulièrement dans les métiers très qualifiés. Les postes de cadres de la banque, de l'assurance, la médecine et les métiers du droit sont aujourd'hui majoritairement occupés par des femmes. Il suffit de regarder autour de soi pour le constater.

Ces dernières années, des centaines d'ouvrages ont été publiés en France pour aider les petites filles à réussir à l'école et leur permettre de briller dans tous les domaines. Lorsque les sociologues et les pédagogues se penchent sur l'égalité des chances, ils pensent à celles des élèves issus de l'immigration ou à celles des fillettes. J'ai eu beau écumer les rayons des librairies, je n'ai rien trouvé concernant la réussite scolaire des garçons, tout au plus quelques articles sur Internet.

L'école dégenrée

Je crois volontiers que les remarques des enseignants citées plus haut sont irréfléchies. Mais sont-elles innocentes ? On connaît l'histoire de Pygmalion. Le simple fait que les professeurs supportent moins bien les garçons est un facteur d'échec. Les pédagogies actuelles dégoulinent de « valeurs » dites féminines : empathie, attention, coopération, bienveillance… La « géographie du genre » fait des émules dans les universités. Les municipalités, en particulier de gauche ou écologistes, sont très sensibles à ce discours militant pour une re-répartition des espaces publics. Certaines villes comme Lyon, Mérignac, Trappes, Hem ou Les Lilas dégenrent les cours de récréation suivant les préconisations de géographes ou de sociologues du genre tels Yves Raibaud ou Édith Maruéjouls : on y interdit alors les jeux de « dominants » comme le foot ou le basket quand on n'en expulse pas tout simplement les ballons… On peut lire ici et là des articles et des conclusions d'« observatoires de l'égalité » se félicitant de voir enfin des garçons jouer à l'élastique ou à la corde à sauter dans les cours de récréation. Je suis tentée de dire : tout ça pour ça !

On sait aussi que l'approche par « compétences transversales » et l'« apprentissage par projet », prônés par les principaux systèmes éducatifs occidentaux depuis plusieurs décennies, défavorisent les garçons. J'ai pu observer que la motivation des filles pour la réussite scolaire était souvent extrinsèque : elles sont désireuses de plaire à la maîtresse, à leurs parents, plus tard aux garçons. Au contraire, de nombreux garçons obéissent à une motivation plus intrinsèque qui se révèle parfois assez tard lorsqu'ils se passionnent pour la politique, la botanique ou l'aéronautique. De cancres, ils se transforment alors parfois en élèves performants mais il faut les attendre et les motiver. Un rapport de l'OCDE de 2008 a montré que les enseignants, à performances égales, attribuaient de meilleures notes aux filles : plus attentives en classe et mieux disciplinées, elles sont souvent notées en considération de leur comportement.

L'obsession de l'égalité

L'habitude intellectuelle qui consiste à systématiquement faire des femmes les uniques victimes de la répartition sexuée des rôles nous empêche de voir ce qui crève les yeux. Les statistiques citées plus haut sont publiques et accessibles mais elles n'alertent visiblement pas grand monde. Elles devraient pourtant provoquer l'inquiétude car une partie des garçons, malheureux et dévalorisés par le système scolaire, tombent dans la violence, la délinquance, les conduites à risque... Toute la société en souffre. Mais l'arbre de l'inégalité salariale cache la forêt de l'échec scolaire masculin.

Les futurs enseignants sont très fortement incités – quand ils n'y sont pas carrément contraints – à « s'engager dans une pédagogie qui limite la transmission des stéréotypes » et déplorent pour la plupart le temps consacré à ces obsessions au détriment des disciplines. Les manuels ne sont pas en reste, affirmant que « les inégalités sont présentes dans tous les domaines ». Le site de l'Éducation nationale, on l'a vu, consacre de nombreuses pages à l'égalité entre les garçons et les filles. On y affirme que « filles et garçons intériorisent les stéréotypes » ou encore que « filles et garçons continuent à se conformer à ce qui est présenté comme leur domaine respectif de compétence dans les schémas socioprofessionnels fortement stéréotypés ».

Les sites associés tels canope.fr, musea.fr (le musée virtuel sur l'histoire des femmes et du genre), matilda.fr et son concours « Buzzons contre le sexisme » et bien d'autres encore, comprennent des centaines de pages dédiées à l'égalité des sexes où les hommes sont, en creux, généralement présentés comme ceux qui abusent ou ont abusé de leurs droits. Il ne s'agit plus seulement de rétablir une égalité mais bien d'inverser un rapport de force dont les femmes seraient les victimes et de veiller à ce que les petits garçons ne se rendent pas coupables des mêmes erreurs ou crimes que leurs pères. Et que dire de l'énergie et des moyens perdus ? Lorsqu'une classe participe à un escape game « pour l'égalité des sexes », elle n'étudie ni les maths ni le français…

Des modèles exclusivement féminins

Plus de 80 % des enseignants du primaire sont des femmes, 90 % dans les écoles privées. L'institution forme les jeunes professeurs au *care* autant qu'à la transmission des savoirs, et la bienveillance remplace l'autorité. Enseigner est devenu un métier à connotation sociale qui rapporte un salaire d'appoint. Le hussard noir de la République a cédé la place à la « Princesse Dézécolle ». De là à en déduire qu'être studieux et aimer la lecture est une affaire de filles, il n'y a qu'un pas. Thomas S. Dee, professeur à l'université Stanford, a publié il y a quelques années une étude sans appel, effectuée sur un panel de plus de 20 000 élèves : les garçons comme les filles réussissent en moyenne moins bien dans les matières qui leur sont enseignées par un professeur du sexe opposé[2]. Il s'est aussi intéressé au jugement des professeurs sur leurs ouailles : les élèves garçons sont jugés moins dérangeants par des professeurs du même sexe*. Si on ajoute à cela le phénomène de démission des pères lié à la progression des familles monoparentales et à l'irruption de modèles culturels dans lesquels les hommes ne se mêlent pas d'éducation, des cohortes d'enfants se trouvent exclusivement élevés par les femmes.

---

* Quant aux filles, elles sont perçues comme plus attentives par les enseignantes que par les enseignants…

Fracture sexuelle et fracture ethnique

Dans *École, la fracture sexuée*[3], Jean-Louis Auduc superpose deux statistiques : sur 150 000 décrocheurs, les deux tiers sont des garçons, les trois quarts des enfants d'origine maghrébine et subsaharienne. Les résultats des filles d'origine africaine ou maghrébine sont très proches de ceux des petites Françaises « de souche ». Les Asiatiques, quel que soit leur sexe, caracolent en tête. C'était déjà le cas il y a quarante ans, lorsque je fréquentais les lycées français de l'étranger, écoles dans lesquelles se mélangeaient des élèves de toutes origines. Il se trouve que la religion musulmane fait souvent des garçons des petits rois qui ne participent à aucune tâche pratique à la maison et développent une paresse et une nonchalance qui les rend incapables de s'adapter aux exigences de l'école. À cela s'ajoutent toutes les politiques égalitaristes qui tendent à masquer le phénomène et à excuser ces élèves au nom de leurs difficultés sociales. Pourtant, les petits Asiatiques arrivés dans les années 1970 et 1980 ne roulaient pas sur l'or eux non plus… Fractures sexuée et religieuse se superposent donc pour se potentialiser l'une l'autre. Ce phénomène a été plusieurs fois décrit et analysé, notamment dès le début des années 2000 par le rapport Obin[4] puis par Yaël Brinbaum[5].

Comment sauver les garçons ?

Dire !

La première chose à faire est de se montrer très explicite avec les garçons, en particulier ceux issus de milieux dans lesquels la domination masculine semble aller de soi. Pas de mépris ou de déterminisme, mais des preuves, des statistiques, des exemples afin de démontrer que la domination masculine « naturelle » a fait long feu. Il faut dire aux garçons qu'ils seront concurrencés par des filles aussi douées et aussi libres qu'eux. La seule alternative possible est l'effort. On ne parle qu'aux filles de leurs nouvelles opportunités : on oublie de dire aux garçons que de fait, elles leur piquent des places ! Arrivés sur le « marché scolaire » puis sur le « marché du travail » où les filles performent au moins aussi bien qu'eux, les garçons courent de déceptions en déconvenues. Cessons de leur mentir : ils sont concurrencés. Ne pas les prévenir revient à leur bander les yeux en début de course.

Accueillir !

Selon le psychiatre Stéphane Clerget, l'imprégnation hormonale, qui se fait dès le stade fœtal (contre laquelle on ne peut rien, donc...), favorise l'agressivité des garçons, ce qui encouragerait leur esprit cartésien. Quel rapport, me direz-vous ? Maîtriser cette agressivité suppose un contrôle permanent qui les contraint à raisonner. À moins de leur injecter des hormones féminines, on ne changera pas leur nature profonde. Pour les aider à réussir, il est nécessaire de prendre en compte ce paramètre naturel. L'éducation ne peut pas – ne doit pas ! – tout corriger. Elle doit reconnaître les différences, en faire une richesse et non un motif d'aigreur. Il faut accueillir les garçons comme ils sont : pas toujours obéissants, prompts à la bagarre, ils sont aussi vifs, passionnés, énergiques et inventifs. Lorsque ce sont des filles qui s'emparent des traits masculins, on les y encourage. On adore les garçons manqués. Et les garçons réussis, alors ?

Arrêter le tout-féminin

Les modèles proposés aux élèves lors de leurs parcours scolaires sont très majoritairement féminins. Il serait salutaire que garçons et filles bénéficient aussi de modèles masculins plus nombreux. On sait que les mères qui allaitent sèvrent les garçons en moyenne plus tard que les filles. On sait aussi qu'elles les jugent plus fragiles. J'ai aussi entendu cela de plusieurs infirmières lorsque mon deuxième fils était en néonatologie : « Le vôtre va très bien, alors on peut vous le dire : les garçons sont plus fragiles ! » Éduqués dans un environnement féminin qui les surprotège mais les juge pénibles, les petits garçons perdent parfois confiance et concluent que l'école n'est pas un lieu pour eux.

Nombreux sont les hommes qui enseigneraient volontiers si le métier n'était pas si réglementé, s'il était possible de passer d'une carrière à l'autre, si les salaires étaient négociables, plus généralement si les relations au sein du système éducatif français étaient plus libres.

Le dogme de l'uniformité

Si la réforme Haby de 1975 a rendu la mixité obligatoire en même temps que le collège unique, il existe des écoles privées qui proposent de séparer les filles et les garçons. J'ai souvent eu des retours très positifs des élèves ayant choisi cette voie. Ils voient leurs camarades de l'autre sexe en dehors de l'école. Pour autant, je m'interroge encore sur cette possibilité car elle semble être plutôt favorable… aux filles, qui décidément tirent leur épingle du jeu quelles que soient les circonstances.

Il faut aussi permettre aux enseignants de « sortir » de leur classe habituelle les élèves qui savent à peine lire en fin de CM1 ou de CM2, pendant un trimestre, pour se consacrer avec eux uniquement à la lecture. C'est la proposition que j'ai naïvement faite il y a une quinzaine d'années à ma directrice : réunir les mauvais lecteurs des trois classes de CM2, constituer une classe avec ces élèves et les garder avec moi pendant un trimestre de remise à niveau. Je me réjouissais de pouvoir me consacrer à la lecture et au français avec eux pour leur remettre le pied à l'étrier. Sa réponse a été immédiate : « C'est une bonne idée, oui, mais l'inspecteur ne nous passera pas ça : ce sont des classes de niveaux, c'est interdit. » De fait, ces classes de niveaux seraient des classes majoritairement masculines. Et alors ? Si cela permet de rattraper un retard, de redonner confiance à des élèves perdus et déclassés ? Au nom de la sacro-sainte égalité, l'État a décrété que « les apprenants » avaient tous besoin de la même chose au même moment. Alors on n'essaie même pas. La souffrance de ces élèves qui ne savent pas lire en entrant en sixième n'est qu'un petit sacrifice aux yeux de ceux qui livrent les corps et les âmes des petits Français à la déesse Égalité.

Les dernières études PISA montrent un écart d'un an entre les filles et les garçons en classe de troisième. C'est aussi l'âge des premières orientations. Il faudrait organiser quelques moments de réflexion non mixtes, et même individuels, pour que les garçons s'autorisent à envisager – eux aussi – tous les débouchés. Une fois de plus, on laisse aux écoles hors contrat la liberté d'expérimenter ces options, mais quand cela fonctionne on leur reproche de surperformer. Nous devrions pourtant nous réjouir qu'il existe encore cet espace de liberté qui sauve une partie des garçons.

16

La puissance de l'ennui

> « Tout le malheur des hommes vient d'une seule chose, qui est de ne savoir pas demeurer en repos, dans une chambre. »
>
> Blaise Pascal

Pauvres enfants dont les enseignants n'arborent pas un nez rouge ! Pauvres petits dont les profs ne sont ni clowns ni animateurs ! Quand je pense qu'on les laisse s'ennuyer au fond de la classe ! Ils seraient tellement plus heureux à l'école des loisirs ! Au moins ils ne s'ennuieraient pas. On pourrait leur proposer des activités ludo-éducatives, vous savez ces « activités ludiques mais néanmoins éducatives » pour que les enfants « apprennent sans s'en rendre compte ».

À force, ils ne se rendent plus compte de rien : ni qu'ils apprennent ni qu'ils n'apprennent rien.

Le nom « ennui », ou plutôt le verbe « ennuyer », vient du latin *inodiāre*, formé sur la locution *in odio esse*, « être un objet de haine ». L'ennui a donc à voir avec le dégoût, la détestation. L'idée sous-jacente est puissante et très éloignée de la passivité.

Le mot « loisir », lui, signifie « ce qui est permis, ce qui est licite ». On retrouve ce sens dans le mot « loisible ».

L'ennui est illicite depuis que nous l'avons remplacé par le loisir ; l'inquiétude, l'intranquillité, le dégoût, voire la haine, provoqués par la fuite du temps, la hantise métaphysique de la mort et la prise de conscience de notre inutilité ont été supplantés par la quiétude d'une occupation organisée par d'autres, standardisée, balisée, évaluable. L'ennui est considéré comme un fléau. On le chasse de nos vies. On le rapproche de l'indifférence, de l'apathie, voire de la dépression. Il est le contraire :

> « L'ennui est l'oiseau de rêve qui couve l'œuf de l'expérience.
> Au moindre bruit dans le feuillage, l'oiseau s'envole.
> Dans les villes – où il n'est plus d'activités qui soient intimement liées à l'ennui –, il ne trouve déjà plus aucun endroit pour faire son nid et, même à la campagne, il lui est de plus en plus difficile de s'établir.
> Ainsi se perd le don de prêter l'oreille, et de ceux qui prêtent l'oreille la communauté disparaît. »
>
> Walter Benjamin, *Le Conteur*, 1936.

Prêtons l'oreille, les yeux, les mains : l'ennui est un puissant appel à l'action.

Entendons-nous bien : je ne souhaite pas l'institutionnaliser. Il l'est déjà du reste, les programmes de l'Éducation nationale sont dans l'ensemble terriblement soporifiques ! Simplement, l'école ne peut pas occuper les enfants en permanence, ne serait-ce que parce que les élèves ont des rythmes différents. Je propose toujours des activités complémentaires et des jeux : Tangram, Master Mind, jeux de calcul, de logique, mots croisés. Je laisse aussi à disposition du papier à dessin, du calque et des classeurs remplis de modèles : des animaux, des maisons, des personnages en costume… Malgré cela, en l'absence de consignes, certains enfants ne trouvent pas de quoi occuper leur temps libre. « Madame, et qu'est-ce qu'on fait maintenant ? » Voilà une question que toutes les maîtresses d'aujourd'hui entendent à longueur de journée. Elles ponctuent ensuite les livrets d'évaluation de « Manque encore d'autonomie », de « Doit apprendre à s'organiser seul », voire de « Manque de maturité ».

Cette course aux occupations continue de me surprendre. Il me semble qu'elle est récente. À leur âge, plutôt bonne élève, j'étais toujours très heureuse d'avoir terminé mon travail avant les autres sans que personne me voie. Je ne courais pas après les activités complémentaires. Je pouvais enfin lire, écrire un article pour le petit magazine que j'avais créé avec une amie d'une autre classe, gribouiller quelques dessins, inventer des mots croisés, des poèmes, des machines infernales, des recettes de cuisine… ou tout simplement penser, rêvasser. Quand j'en parle aux gens de ma génération ou un peu plus âgés, ils partagent généralement ce sentiment : livrés à eux-mêmes ils ne s'ennuyaient pas, ou en tout cas pas longtemps !

Comme il est désagréable, l'ennui nous oblige à sortir de l'ennui. Il nous force à penser, à créer, à agir par nous-mêmes. Il est impossible de donner la consigne : « Rêve d'une voiture et gribouille-la dans un coin de cahier. Tu apprendras ainsi à placer un châssis, des phares et des enjoliveurs. Au passage ça t'obligera peut-être à demander le nom de ces “trucs” que tu ne sais pas dessiner. » C’est à celui qui s’ennuie de trouver ce qui le désennuiera.

Gaver, coacher, border

Les gens de ma génération ont eu la chance, à huit ou dix ans, de pouvoir faire du vélo dans la rue ou de rentrer seuls de l’école à travers champs. On nous envoyait acheter le pain. Nous en profitions pour traîner un peu dans le quartier. À quels moments un enfant d’aujourd’hui est-il véritablement libre et responsable du choix de ses activités ? Il quitte l’école pour faire des devoirs, accompagné d’une « nounou », puis se lance dans une activité dirigée, sportive ou culturelle ; il dîne et se couche avant d’avoir eu le temps de souffler. L’enfant qui fréquente un service de garde en collectivité est lui aussi sans cesse sollicité par des partenaires de jeux, adultes ou autres enfants. Lorsqu’il a quelques minutes devant lui, on lui fournit une multitude d’outils plus ou moins numériques afin qu’il ne s’ennuie pas : en train, en voiture, au restaurant, observez le nombre d’enfants vissés sur des tablettes ou sur des téléphones, le regard vide, hermétiques au monde qui les entoure. Ah, ils sont calmes, c’est sûr ! Mais que vivent-ils ?

Nous voulons être tranquilles mais ne les laissons pas tranquilles. Nous les gavons, nous les coachons, nous les bordons, nous les fliquons, nous les asseyons, nous les assignons. Nous ne leur faisons pas confiance. Jamais livrés à eux-mêmes, ils finissent par nous solliciter en permanence. Les jeunes enfants sont enfermés au motif que les adultes ont peur pour eux, et les enfants plus âgés parce que les adultes ont peur d'eux. Une récente étude publiée dans le bulletin épidémiologique hebdomadaire par l'Institut de veille sanitaire (InVS) montre que 40 % des enfants de moins de dix ans ne jouent plus jamais dehors en semaine. Ils sont 6 sur 10 à sortir le week-end. Nous fabriquons des homoncules.

Attention, les laisser s'ennuyer ne signifie pas les abandonner tout petits à leur triste sort de mortels en ce bas monde. Les deux ou trois premières années de sa vie, le petit d'homme a besoin d'un contact étroit et régulier avec ses parents. On sait aujourd'hui que la méthode Ferber, qui consiste à laisser les nourrissons pleurer afin de leur enseigner que cela ne leur apportera aucun réconfort, est très néfaste. On laisse les enfants s'ennuyer à partir du moment où ils sont rassurés. Il faut combler leurs besoins affectifs afin qu'ils puissent développer leur activité intellectuelle.

À la recherche du temps distendu

Nous-mêmes, adultes, avons perdu l'habitude de nous ennuyer. Nous enchaînons les activités, nous alternons entre travail et loisirs. La contemplation ne fait plus partie de nos vies. Pourtant, saint Augustin écrivait : « Nous ressemblons à un homme fixé comme une statue dans un coin d'un vaste et magnifique édifice : il ne peut comprendre la beauté de ce palais dont il est un point ; de même un soldat, en ligne de bataille, ne peut apercevoir l'ordonnance de toute l'armée. Et si, dans un poème, chaque syllabe, à mesure qu'elle résonne, devenait animée et sensible, elle serait impuissante à goûter l'harmonie et la beauté de l'ensemble : car elle ne pourrait le saisir dans son entier, vu qu'il est composé de la succession fugitive de chacune d'elles[1]. » Dans *Les Confessions*, il préconise d'explorer mais aussi de contempler le monde d'un cœur inquiet (*cor inquietum*). L'esprit humain est limité, certes, mais nous sommes capables de voir la beauté, l'harmonie et d'en rechercher la source. Dans la contemplation, nous sentons que la beauté de l'ensemble est supérieure à la beauté des parties. Nous cherchons alors un sens au chaos apparent de la vie. C'est de la contemplation que naît notre quête sans repos du beau et du vrai.

Nous avons perdu l'habitude de ce lent écoulement du temps. Nous aussi cherchons la quiétude dans le divertissement, l'entourage, le voyage… Ce faisant, nous refusons à nos enfants ce à quoi ils ont pourtant pleinement droit, eux : le temps. Le temps non compté, le temps distendu, le temps de mesurer la profondeur de l'existence, d'admirer la beauté du monde, de prendre conscience de sa singularité dans la solitude, d'acquérir l'indépendance. L'inquiétude n'est pas le danger, la profondeur n'est pas la chute, l'ennui n'est pas la dépression. De quoi croyons-nous les protéger en leur refusant de se mesurer à cette dimension de l'existence ? Comme nous organisons nos existences, nous organisons les leurs : heure par heure, minute par minute.

Nous craignons qu'ils se disputent, qu'ils n'apprennent rien, qu'ils soient bruyants, qu'ils dérangent. Au premier bâillement, nous paniquons, nous nous précipitons pour leur proposer un jeu, un film, une activité. Pourtant, si vous avez bonne mémoire, c'est dans des périodes d'ennui que vous avez lié une nouvelle amitié, écrit des poèmes ou réalisé vos plus beaux dessins… sur un mur, pourquoi pas ? Car c'est aussi par ennui que vous avez parfois fait des bêtises dont la narration égaie encore les déjeuners de famille et c'est bien ça qui nous effraie : qui sait ce que va inventer un enfant qui s'ennuie ?

Surtout, n'invente rien !

Alors nous leur évitons l'ennui, ses bêtises mais aussi ses inventions. Qu'auront à raconter à leurs propres enfants ceux qui passent leurs après-midi devant des écrans ? Quels souvenirs garderont-ils de leurs jeunes années ? Un long tunnel tapissé d'images vidéo indistinctes. « On ne comprend absolument rien à la civilisation moderne si l'on n'admet pas d'abord qu'elle est une conspiration universelle contre toute espèce de vie intérieure[2]. »

Dans *S'ennuyer, quel bonheur !*[3], le psychiatre Patrick Lemoine raille « l'activisme forcené des mercredis », « la culture obligée et jamais digérée », « les loisirs à thème »… « Laissez-nous donc bâiller un peu », implore-t-il. Nous poussons le paradoxe jusqu'à leur offrir des livres pour apprendre à méditer ou à les inscrire à des cours de yoga. Que cherchons-nous alors sinon leur offrir du temps pour eux, ayant nous-mêmes l'impression de ne pas en avoir pour nous ? Mais la chasse aux papillons ou la contemplation d'un beau paysage provoque la même sensation de bien-être gratuitement, sans limite de temps, sans injonction, sans méthode, librement. Il ne s'agit en aucun cas de se détourner d'eux mais de les laisser expérimenter la séparation, la liberté et la responsabilité de leurs choix.

Tremplin vers la créativité et l'autosuffisance, la pause est une sorte de rêve éveillé : l'enfant met en relation des événements passés, des événements à venir, des désirs, des craintes qui stimuleront son imagination. Le temps est une ressource au même titre que le sommeil ou la nourriture. En priver les enfants par des activités organisées incessantes est une maltraitance.

17

Bas les pattes, haut les mains…

« À l'âge de cinq ans, il est grand, rayonnant de santé… fou de liberté », écrit Roger P. Buliard dans *Inuk*, faisant la description de l'enfance des garçons inuits. Dès l'âge de sept ans, ils manient couteaux et fusils et cherchent des lieux propices aux pièges. Très vite, « ils se déplacent avec les hommes, en voyageurs aussi robustes que n'importe lequel d'entre eux ». En Angleterre, les concepteurs du jeu environnemental baptisé Wild About Play ont demandé aux enfants ce qui leur plaisait le plus. Ils ont massivement répondu que c'était de collecter et de manger des aliments sauvages, de faire du feu pour les cuire.

Ayant perdu le contact avec le réel à cause de nos métiers et de nos loisirs, nous refusons à nos enfants, ainsi qu'à nous-mêmes, les risques et les contrariétés. Les jeunes Occidentaux ne sont jamais confrontés à la nécessité de trouver leur nourriture ou de se construire un abri.

Nous faisons l'apologie des métiers les plus sûrs : banquier, haut fonctionnaire, enseignant… Nous rêvons pour eux de longues études et de bureaux confortables. Nos enfants vivent au centre d'un panoptique : professeurs, parents et grands-parents se parlent par WhatsApp avant et après l'école. Les dossiers scolaires mentionnent les « engagements citoyens » des élèves. S'ils n'en ont pas, ils sont considérés comme se la jouant un peu trop « perso ». Seront-ils capables de travailler en équipe, de se mobiliser pour une grande cause ?

Plutôt que d'essayer d'améliorer la réalité autour de nous, nous leur offrons soit un monde virtuel, celui des jeux vidéo dans lequel ils peuvent être ce qu'ils veulent, soit un monde totalement factice basé sur des aberrations idéologiques : tout se résoudra par l'assistanat, le salariat est l'avenir du monde, deviens fonctionnaire, mon fils !

Mais est-ce cela que l'on veut pour nos enfants ? En faire des gens lobotomisés devant des écrans, bien calmes, bien drogués, bien tranquilles comme dans nos pires délires de science-fiction ? Du pain, des jeux électroniques et des allocations sociales ?

Nous savons pourtant tous que cela est illusoire : la guerre, les épidémies et les crises en tous genres sont de ce monde. La pandémie de Covid puis la guerre en Ukraine ne sont pas virtuelles. En quelques heures, quelques jours, des milliers de personnes ont dû prendre des décisions cruciales, quitter leur famille, leur pays, apprendre une nouvelle langue, accepter une relégation sociale pour ne pas périr. Leur capacité à se déterminer, à débattre intérieurement, à ne compter que sur eux-mêmes, à prendre des risques a fait la différence. Savoir réparer un véhicule, cultiver des légumes ou poser un garrot sont alors des connaissances bien plus précieuses que la promotion de l'inclusion en entreprise ou la rédaction de contenus numériques. On n'apprend pas à un enfant à prendre des risques en jouant à des jeux vidéo. On peut y prendre des risques insensés sans jamais mourir. La réalité est à la fois plus simple et plus dure que ça. C'est pour cela qu'il faut leur permettre de prendre des risques mesurés mais bien réels. Nos enfants ont besoin d'air. Ils nous le disent : prenons-les au mot. Mettons-les au cul des vaches, à l'atelier, sous la voiture, à l'usine même ! Accessoirement cela leur évitera de se comporter en écologistes de salon.

Je ne parle pas de classes de nature où l'on pédale à la queue leu leu harnachés de casques, de protège-tibias et de genouillères. Je ne parle pas non plus de visiter une usine de savons où l'on pourra « customiser » son emballage. Nos enfants ne courent aucun risque de se perdre en coloriant leurs mandalas : « Avec trois couleurs seulement, hein ! Et attention, il ne faut jamais que tu te trouves obligé de colorier deux surfaces connexes de la même couleur ! Ça va aller ? on se lance ? » Mon Dieu, quels périls ! Quelle excitation ! La dernière fois qu'il a neigé à Paris, la directrice de mon école a interdit les batailles de boules de neige au motif qu'elles pouvaient contenir des petits cailloux susceptibles de crever les yeux des élèves. Nous avons désobéi. Je me suis cachée comme une petite fille…

Je me souviens de cet élève de CM2 qui est venu me demander lors d'un voyage de fin d'année s'il avait le droit d'organiser une bataille de polochons avec ses camarades de chambrée… Il m'a fait un peu de peine. La bataille de polochons validée, voire organisée par la maîtresse, a-t-elle vraiment la même saveur que celle que l'on improvise dans l'excitation générale ? La même année, mère depuis quelques mois, j'ai vu dans un magasin de puériculture des casques pour protéger les enfants qui apprennent à marcher... Qui les protégera lorsqu'ils apprendront à aimer, à défendre leurs opinions, leurs maisons ? Quand je pense à la jubilation du corps et de l'esprit que je ressentais enfant lorsque je dévalais une pente à vélo, sans jamais freiner, bien loin du regard de mes parents ! Je ne sais pas si une petite fille d'aujourd'hui pourrait accompagner son père dans les casses automobiles comme je le faisais enfant. On le lui interdirait sans doute, au nom du principe de précaution.

La plupart des enfants évoluent dans un environnement aseptisé et artificiel. Il y a une contradiction manifeste entre le fait de vouloir les traiter comme des citoyens – objectif dont se gargarisent les concepteurs de programmes – et les maintenir dans une enfance à rallonge. Certains s'en accommodent peut-être mais ils sont nombreux à trouver cela peu stimulant, à se sentir anesthésiés par des discours très irréalistes. Ils baignent souvent dans le même type d'environnement à la maison avec des parents exerçant des métiers « fantomatiques ». Quelle représentation un enfant peut-il se faire du quotidien d'un gestionnaire de patrimoine, d'un chargé de communication ou d'un responsable clientèle senior ?

Les outils, l'apprentissage par la main, par la nature ont complètement disparu de notre horizon éducatif et même de l'univers domestique. Il y a quelque chose d'assez indéfinissable mais d'omniprésent, de collectif, de public, qui ne nous laisse plus vraiment d'autre choix que l'accessoirisation du réel. Accessoiriser sa voiture, choisir son personnage, la couleur de ses yeux et de ses cheveux dans un jeu vidéo, personnaliser sa coque de téléphone ou son fond d'écran ne sont pas des actes créatifs : ce sont des illusions de choix et de liberté.

Homo faber is not dead

A contrario, transformer le monde par son travail, par une action réelle, est extrêmement satisfaisant. Poser ses outils et se voir dans son œuvre est un moment de fierté et d'épanouissement exceptionnels. Là où le simple consommateur achète puis jette, victime de l'illusion publicitaire, l'artisan fabrique et remet l'objet à sa juste place utilitaire. Les gestes d'un menuisier ou d'un jardinier sont à la fois réflexifs et pratiques, abstraits et concrets. Ils mêlent connaissances et savoir-faire.

Charles Péguy, dans son sublime texte « L'Argent », décrit le bonheur et l'honneur du travail manuel « à l'ancienne » si j'ose dire car il a presque disparu de notre univers quotidien : « [...] l'honneur du foyer et celui de l'atelier, c'était le même honneur [...]. J'ai vu toute mon enfance rempailler des chaises exactement du même esprit et du même cœur, et de la même main, que ce même peuple avait taillé ses cathédrales. Il fallait qu'un bâton de chaise fût bien fait. Il ne fallait pas qu'il fût bien fait pour le salaire ou moyennant le salaire. Il ne fallait pas qu'il fût bien fait pour le patron. Il fallait qu'il fût bien fait lui-même, en lui-même, pour lui-même. Une tradition, venue, montée du plus profond de la race, un honneur voulait que ce bâton de chaise fût bien fait. Toute partie, dans la chaise, qui ne se voyait pas, était exactement aussi parfaitement faite que ce qu'on voyait. C'est le principe même des cathédrales. »

Utiliser un outil pour fabriquer un objet en bois, traire une vache ou biner un jardin nous ramènent à des gestes antiques, à la mémoire de tout un peuple, de toute l'humanité même. Ils nous ancrent dans la réalité mais aussi dans l'histoire d'un métier, d'une corporation, d'un pays et nous ramènent à notre condition humaine. Anaxagore, le philosophe antique, écrivait : « C'est parce qu'il a des mains que l'homme est le plus intelligent des animaux. »

Prendre des risques

Nous avons tous vu des enfants tenter d'escalader un arbre. La curiosité et la liberté chevillées au corps, les petits aiment se lancer ce genre de défi. Il faut les laisser faire. Bien sûr, ils peuvent tomber mais les avantages qu'ils en retireront seront bien plus nombreux :

– la conscience de leur propre corps, de leurs limites ;

– la fierté d'avoir accompli cela tout seul, ou « mieux », contre votre avis ;

– la persévérance : « Je tombe ? Qu'à cela ne tienne : je recommence. »

Un enfant que l'on préserve de l'échec ne teste jamais de nouvelles idées. Il finit par se scléroser ou par devenir maladivement susceptible.

Il est possible et souhaitable de laisser les enfants même

très jeunes prendre des risques en expérimentant des jeux en hauteur (grimper aux arbres ou gravir des structures élevées), des jeux à grande vitesse (dévaler une pente à vélo, sur un skateboard) ou s'ils le souhaitent les laisser jouer à des jeux où l'on peut « disparaître », où ils ont l'impression de ne pas être observés.

Petit à petit

Il faut avoir de vraies conversations avec les enfants, ne pas se contenter de leur donner des instructions. Leur dire « Fais attention » ou « Tu vas tomber » ne sert à rien. Aidez-les plutôt à planifier la prise de risque : « Ce couteau est aiguisé. Il pourrait te couper. Tiens-le uniquement par le manche et coupe en direction de la planche à découper. Regarde bien comment je fais. »

Introduisez le risque progressivement : permettez à vos enfants d'essayer de nouvelles choses en augmentant lentement le niveau de difficulté et le risque encouru. Si l'objectif est de les familiariser avec la manipulation du feu, commencez par introduire des bougies chauffe-plats à l'heure des repas. Présentez ensuite un foyer ouvert, que vous utiliserez pour différentes raisons : ça peut être le lieu de rassemblement pour raconter des histoires par exemple. On peut y cuisiner ou encore en retirer du charbon pour réaliser des dessins « comme au fusain ».

Même si vous restez à proximité, laissez aux enfants un sentiment d'autonomie. Quel bonheur pour eux de ne pas se sentir toujours surveillés !

Si votre enfant est victime d'une chute ou d'une

autre mésaventure, lorsque tout est rentré dans l'ordre, demandez-lui pourquoi cela s'est produit et comment, selon lui, cela pourrait être évité la prochaine fois.

Des professionnels en culottes courtes

Au-delà du bonheur et de la fierté que l'on peut ressentir à créer, à fabriquer, à découvrir, à risquer, il y a le plaisir de faire les choses « pour de vrai ». On interdit aujourd'hui à un restaurateur de mettre à contribution ses enfants pour le service ou la préparation de la salle. Il ne faut pas que le fils mineur d'un menuisier se fasse « attraper » par l'Inspection du travail à balayer l'atelier de papa. Pourtant nombre de ces enfants seraient à coup sûr très fiers d'apporter leur aide à leurs parents ou mieux encore : à une entreprise. Il s'agit non pas de renvoyer les enfants dans les mines mais de ne pas présupposer l'esclavage là où il y a apprentissage et aide mutuelle. Tout le monde ne rêve pas d'être un rond-de-cuir.

Pierre-Noël Luiggi a fait fortune en créant la plateforme Oscaro, leader de la vente de pièces détachées automobiles sur Internet. Alors qu'il a huit ans, dans les années 1970, son père achète un poste de télévision. Dans cette famille du nord de la Corse, on n'a pas l'habitude de faire des dépenses inconsidérées : le poste a déjà quelques heures au compteur ; l'image tremble. Contre l'avis du patriarche, le petit Pierre-Noël décide de se lancer seul dans la réparation en trafiquant une antenne, par tâtonnements. Il est têtu et astucieux : l'image tremble moins, puis plus du tout. La rumeur se répand dans le quartier : le fils Luiggi sait réparer les télés ! C'est ainsi que notre futur *golden boy* se retrouve préposé à la réparation des télévisions du quartier, ce qui lui procure une grande fierté et un peu d'argent. Il explique que c'est ce genre d'expériences qui a fait de lui l'entrepreneur à succès qu'il est devenu depuis.

2019, en Essonne : Martin Kegl a quinze ans et, comme de très nombreux garçons, n'aime pas l'école. Mais à l'inverse de la majorité d'entre eux, il ne se laisse pas influencer par son milieu. Il décide d'apprendre à restaurer des meubles, à fabriquer des cannes, des échiquiers, des couteaux, et ce entièrement à la main. Il crée même certains de ses outils comme les artisans d'autrefois. Pas d'apprentissage ni de compagnonnage : il fonde son entreprise et apprend en observant, en tâtonnant, en se renseignant auprès d'autres artisans, en véritable autodidacte. Personnage haut en couleur, inséparable de sa casquette qui lui donne un look mi-dandy mi-titi, il est aussi très doué pour les relations presse et fait aujourd'hui des millions de vues sur YouTube en vantant la beauté et l'intelligence des métiers de la main.

On le voit, il y a une sociabilité propre à la production d'une œuvre, d'un objet : maîtres, fournisseurs, clients, prestataires sont autant d'ouvertures sur le monde, d'interactions bénéfiques pour des jeunes gens qui sont parfois tentés de se renfermer, ne trouvant pas de sens à leurs activités scolaires dont l'objectif est flou et leur semble inutile.

Qui nous dit que les métiers de demain seront des métiers de cols blancs ? ChatGPT peut inquiéter les journalistes ou les avocats mais ne remplacera pas de sitôt un coiffeur ou un jardinier. Le pays le plus prospère d'Europe, la Suisse, est aussi celui dans lequel les filières d'apprentissage sont les mieux organisées et les plus valorisées. Le taux de chômage y est structurellement très bas. Les métiers dits manuels y sont bien rémunérés. De nombreux ministres et patrons de grandes entreprises en sont issus.

Évidemment, se permettre ce point de vue en France, c'est s'exposer aux moqueries d'une élite qui trouve les métiers manuels parfaits pour les enfants des autres et préfère que les siens suivent n'importe quel cursus d'études supérieures quitte à n'en retirer qu'une satisfaction sociale.

Il faut être un peu rebelle ici pour se soustraire à cette dictature des études abstraites et emprunter d'autres voies que celles toutes tracées du haut fonctionnariat ou de la vie de bureau. Mais le bonheur est parfois à ce prix.

18

La bataille des pronoms

> « Le propre de la vraie forme, c'est que l'esprit se dégage d'elle immédiatement, instantanément, tandis que la forme défectueuse le retient comme un mauvais miroir et ne nous rappelle rien qu'elle-même. »
>
> Heinrich von Kleist, *Correspondance*

Avez-vous remarqué que l'on nous donne des ordres à la première personne du singulier ? Pour ceux dont les souvenirs de grammaire seraient un peu nébuleux, la première personne du singulier est « je ». Ouvrez l'œil…

Sur la route : « Véhicule en intervention. Je m'écarte » ; « Parce qu'au volant je préfère regarder devant, je déconnecte ».

À la Poste : « Je n'oublie pas de récupérer mes produits. »

Partout, jusque dans les toilettes : « Oui, je vote. »

Au cœur de la guerre pour conserver et faire vivre notre belle langue et ses subtilités se mène donc « sur le terrain », loin des caméras, une bataille essentielle : celle des pronoms personnels. Elle est essentielle car qui dit pronom personnel dit personne, sujet, acteur et donc responsabilité, ce fameux corollaire de la liberté.

Qu'est-ce qui se joue là ? Que se passe-t-il lorsqu'on fait disparaître un acteur ? Ou plutôt lorsqu'on le remplace par un autre ? Pense-t-on vraiment faire oublier qui exerce le pouvoir ? Lorsqu'un gouvernement nous intime de porter un masque dans des rues désertes et d'ouvrir les fenêtres de nos maisons en serinant : « Je porte un masque et je respecte les gestes barrières », croit-il vraiment que nous oublions qu'il se cache derrière les affichettes et les spots télévisés ?

Françoise Thom, dans son excellent livre *La Langue de bois*[1], explique notamment comment les gouvernements totalitaires remplacent allégrement la voix active par la voix passive. Ce qui donne chez nous : « Pour votre sécurité, cet espace est surveillé » et non : « La police vous surveille » ; ou « Priorité a été donnée à la parité » et non : « Le gouvernement a donné la priorité à la parité ». Nous ne subissons pas un gouvernement dictatorial mais nous voyons bien que, même chez nous, l'effacement du sujet, en supprimant l'agent, permet aussi l'effacement de la responsabilité. Il ne s'agit pas, bien sûr, d'interdire l'usage de la voix passive, mais de comprendre en quoi elle modifie la teneur du message.

On pourrait se dire que cette étrange manie du « je » passera aux « communicants » mais elle envahit aussi les manuels scolaires de vos chers anges : « Je lis l'énoncé avant de résoudre le problème », « Je donne l'heure que je peux lire sur les cadrans », « Je révise », « Je résous à mon rythme », « Je prépare mon bilan », etc. Les consignes sur les affichettes à la sortie des toilettes indiquent : « Je me lave les mains. » Celles des couloirs : « Je ne bouscule pas mon camarade dans l'escalier », « Je respecte les personnes et le matériel ». Nos chérubins sont donc (mal) logés à la même enseigne. Les manuels et l'institution les entraînent également dans l'enfer du « je ». Mais qu'est-ce qui leur prend à tous ? Il y a le nazisme grammatical dont sont souvent accusés les gardiens de la belle langue mais il y a aussi le maoïsme grammatical : faire table rase des règles.

Bon nombre d'enseignants, en loyaux « héritiers » de Bourdieu, ont intégré que l'école ne devait pas être un agent de la pensée bourgeoise mais bien égaliser les parcours et les destins. Ce legs de leurs années de formation que les médias et les syndicats font fructifier empoisonne leur enseignement. La langue maternelle étant pour un grand nombre d'entre eux une manifestation insupportable de ce que le milieu familial offre aux élèves, ils s'acharnent à la simplifier, à la transformer, à la détruire !

Il n'est pourtant ni compliqué ni insultant de s'adresser aux enfants à l'ancienne, je veux dire correctement, je veux dire… à l'impératif. En quoi « Lis ce texte » est-il moins respectueux que « Je lis ce texte » ? Je serais un élève facétieux, je répondrais : « Très bien, lis-le ton texte. Moi je continue à rêvasser, merci. »

L'effet d'infantilisation est immédiat.

Lorsque je lis : « Je ne jette pas mes déchets par la fenêtre » sur les panneaux d'autoroute, j'ai l'impression d'avoir six ans. Un agent de la voirie se penche sur moi, saisit ma joue d'un air désapprobateur et me sermonne : « Alors comme ça, je baisse la vitre et hop, je jette mon chewing-gum ? Je suis une petite impertinente ? Je fais semblant de ne pas savoir lire ? » Cela provoque instantanément un très vif énervement et l'envie de commettre exactement le crime dont je suis accusée à tort. Et je suis absolument certaine de ne pas être la seule dans ce cas. Je vous vois…

En classe, le remplacement de la deuxième personne par la première est non seulement injustifié mais inefficace, donc. Un esprit rigoureux ne se sent pas concerné, un esprit fort en profite pour ne pas travailler et dans tous les cas, la confusion s'installe. On rompt sans aucune raison valable les règles d'énonciation héritées de siècles d'histoire de la langue. Finalement à quoi bon se donner la peine d'introduire le « iel », pronom neutre cher à nos féministes, si c'est pour finir avec un seul pronom ?

On l'a vu, changer de pronom oblige aussi à changer de mode. « Souligne les adjectifs en bleu » est une phrase à l'impératif. « Je souligne les adjectifs en bleu » est une phrase à l'indicatif. Est-on à ce point mal à l'aise avec l'autorité qu'on n'ose plus utiliser ce mode ? Le mot « impératif » est-il devenu politiquement incorrect ?

La publicité a été pionnière en la matière. Tout le monde se souvient du fameux slogan « Gervais, j'en veux » qui parlait à la place du consommateur. Mais « vouloir » est un verbe d'intention qui n'a pas de manifestation concrète. C'est autre chose d'attendre d'un élève qu'il exécute une tâche. Ne faisons pas de mauvais procès à la pub. L'instruction n'est pas son ambition. Est-elle encore celle de l'Éducation nationale ?

Le manuel de mathématiques de mon fils (*Cap Maths*

CM1, Hatier) pousse le vice jusqu'à mélanger les modes d'énonciation. Les intertitres sont à la première personne du singulier (« Je cherche », « Je m'entraîne », « Je révise »), mais les autres consignes sont à l'impératif (au hasard : « Écris, en litres, la quantité totale de jus de fruits qu'il reste », « Complète ces phrases avec des nombres entiers ou à virgule »). Comment demander ensuite à de jeunes élèves de comprendre et d'appliquer la grammaire ?

Relisons le Grevisse : « [...] l'impératif, qui tire son nom du latin *imperativus*, "qui a été ordonné", est un mode qui exprime l'ordre ou la défense. Sa limitation en personnes est liée à l'acte d'ordonner, "car on ne commande proprement qu'à ceux à qui on s'adresse, à qui on parle" (*Grammaire de Port-Royal*, 1660). » Si on ne commande qu'à ceux à qui l'on parle, on ne peut se commander à soi-même et le fait d'utiliser la première personne du singulier n'y change rien. L'effet est au contraire un affaiblissement de la consigne donnée, comme on l'a vu.

Allons au bout de la logique. Nous sommes en 2040 et nous assistons à une conversation anodine entre Léonie et Samuel, respectivement bacheliers en 2023 et 2025. Ils dînent en tête à tête alors que Thomas, leur fils, est à l'étage.

– Léonie, ma chérie, c'est délicieux. Tu es vraiment la reine du waterzoï. Je me passe le sel, s'il me plaît.
– Tu veux dire : « Passe-moi le sel, s'il te plaît » ?
– Oui, c'est ça. C'est bien, cette nouvelle façon de s'exprimer, tellement plus respectueuse, tu ne trouves pas ?
– Je ne sais pas, je suis parfois un peu perdue. Tiens,

j'appelle Thomas, qu'il vienne réciter sa poésie. Il la savait parfaitement tout à l'heure.
– …
– Eh bien, mon Sam adoré, tu ne l'appelles pas ?
– Tu viens de me dire : « J'appelle Thomas. »
– Oui, tu sais, ça veut dire qu'il faut que tu l'appelles, je suis un peu enrouée.
– Ah oui, bien sûr ! Thomas ! Je viens, s'il me plaît, maman voudrait que tu nous récites ton poème.
– Papa, je ne pige rien. Je dois descendre, c'est ça ?
– Oh, ne te fais pas plus bête que tu n'es, enfin, je veux dire : je ne me fais pas plus bête que je ne suis. C'est compliqué quand même, tu ne trouves pas, ma chérie ?
– Je n'arrête pas de le dire ! Thomas, rapplique !

Incompréhensible, ubuesque, baroque.

Il y a peut-être là un grand opportunisme : la conjugaison des verbes du premier groupe à l'impératif n'est pas si simple et les verbes du premier groupe sont nombreux. La présence – fautive bien sûr ! – du *s* à la deuxième personne du singulier en est la preuve, jusque dans les « t'inkiètes » des SMS échangés entre adolescents.

Remplacer l'impératif par l'indicatif résout le problème, c'est sûr. Mais de la démarche simplificatrice à l'appauvrissement il n'y a qu'un pas que l'Éducation nationale franchit une fois de plus sans vergogne. Dans les petites classes, on ne distingue plus les sons [œ̃], celui de « lundi » ou de « parfum » du son [ɛ̃], celui des mots « alpin » ou « frein » lors de l'apprentissage de la lecture. Le conditionnel passé et le subjonctif passé ont quasiment disparu des enseignements. Le passé simple s'enseigne au collège mais uniquement aux troisièmes personnes : il est décrit comme « hautement discriminant dans la production des écrits des élèves » dans un document publié sur le site de l'Éducation nationale Éduscol. Plus loin : « L'enseignant peut admettre le principe suivant : c'est à partir des verbes les plus usuels, dans l'enseignement du français langue maternelle tout comme dans l'enseignement du français langue étrangère, que les paradigmes doivent être étudiés et que les automatismes oraux et graphiques doivent être construits chez l'apprenant et non sur des "curiosités" mises en exergue par l'univers scolaire dans la dictée ou dans la question piège du contrôle trimestriel. » Le passé simple, curiosité linguistique… On le tolère encore dans les textes lus, mais je ne donne pas cher de sa peau : les éditions modernes des contes et légendes sont de plus en plus fréquemment réécrites au présent. Un élève peut donc parfaitement atteindre la classe de troisième sans avoir jamais fréquenté le joli couple imparfait-passé simple. Il sera bientôt possible de dire que l'enseignement des formes écrites de l'impératif sont inutiles car très peu usitées, remplacées au début du XXIe siècle par l'usage de la première personne du singulier.

À vos Bescherelle, citoyens ! Sauve, sauvons, sauvez l'impératif !

19

L'économie est un jeu d'enfant

Un tiers des jeunes de 18-34 ans ont voté pour Jean-Luc Mélenchon lors de la dernière élection présidentielle. Mélenchon qui twittait en janvier dernier : « Nous avons dans notre pays la pire des offenses : le premier milliardaire du monde. Oui, les riches sont responsables du malheur des pauvres. Accumuler de l'argent est immoral, puisque ce qui est accumulé, c'est ce qu'on a pris aux autres. »

Mars 2023 : des cortèges de lycéens et d'étudiants brandissent des pancartes « La retraite on s'en fout, on veut pas bosser du tout ». Les mêmes bloquent les facs, interdisant à ceux qui voudraient apprendre de le faire.

Comment en est-on arrivé là ? Pourquoi notre jeunesse déteste-t-elle tant le travail, l'effort individuel, le risque, l'argent ? Que faire pour la réconcilier avec le monde de l'entreprise ? Entrepreneurs à neuf ans, vos enfants rêveront d'assistanat à dix-huit si vous n'y prenez garde.

L'un des auteurs les plus lus dans les petites classes est Marcel Pagnol, qui révèle, dans *Le Château de ma mère* : « On en parlait souvent, de la retraite, et comme d'une opération de haute magie, qui transforme un maître d'école en rentier. La retraite, c'était le grand mot, le maître-mot. » Fonctionnariat, haine des riches, peur du risque, culte de la retraite et de l'État-providence : l'école s'ingénie à tuer l'esprit d'entreprise comme elle le fait de toutes les manifestations du génie individuel.

Drôle d'usine

Il y a une quinzaine d'années, un beau matin d'hiver, en plein milieu d'une dictée-ni-préparée-ni-négociée comme je les affectionne, je vois avec surprise ma directrice s'intercaler dans la porte :

– Pourriez-vous descendre dans mon bureau pendant la récréation ? J'ai deux mots à vous dire.

Elle a pris la peine de gravir trois étages, il doit y avoir quelque chose de grave ! Les points finaux des dictées soigneusement posés sur la ligne, le nom de l'auteur copié sans erreurs, j'envoie mes ouailles dans une cour enneigée surveillée par une collègue arrangeante et je dévale l'escalier, très curieuse de ces « deux mots » qu'on veut me dire.

En pénétrant dans l'étroit bureau, je suis saisie par le regard noir que me jette un homme dont le visage me dit vaguement quelque chose :

– Vous connaissez monsieur D., le père d'Axel ?

– Nous avons dû nous croiser le jour de la rentrée, oui.

– Monsieur me demandait si je trouvais normal que mes enseignants encouragent la circulation d'argent dans les classes.

– Pardon ?
– Oui, Monsieur me demandait si j'étais d'accord pour que les enseignants permettent aux élèves de se lancer dans des activités commerciales.
– Je ne comprends pas…

Je n'ai jamais autorisé aucun élève à apporter de l'argent en classe, encore moins à en faire circuler. Je sais que c'est interdit et j'approuve ce point du règlement. Mon désarroi est perceptible. Je n'ai pas l'habitude d'être réprimandée comme une enfant. Monsieur D. ne se déride pas mais s'explique :

– Mon fils est rentré hier avec une somme importante, plusieurs dizaines d'euros. Or nous ne lui donnons pas d'argent de poche. Il m'a expliqué que vous aviez encouragé vos élèves à fabriquer des patrons de polyèdres, que vous leur aviez même fourni des feuilles cartonnées, de couleurs variées, afin qu'ils puissent y tracer des patrons de dodécaèdres, icosaèdres et autres ballons de foot [icosaèdres tronqués]. Mon fils s'est pris au jeu et a commencé à vendre les siens, 2, 3 ou 5 euros pièce. Il en vend beaucoup et a déjà amassé une jolie somme. Il dit que ça ne vous pose aucun problème, que vous continuez à fournir le papier.

Axel avait raison sur un point : j'étais ravie de le voir si passionné ! En revanche, il ne s'était pas vanté de son activité commerciale, le gredin ! De retour en classe, je furète autour de son pupitre : sous sa chaise, une boîte Quality Street dont dépassent quelques centimètres de bristol : je découvre alors un stock de patrons de polyèdres. Sur le pupitre du contrevenant, une bande de papier scotchée, repliée. N'y résistant pas, je la retourne et découvre en lettres capitales : USINE DUPATRON – « Dupatron » collé, en un seul mot, comme un nom de marque.

Quelle créativité ! Je suis bluffée. J'attends que mes élèves rentrent de récréation pour leur parler :

– Si la directrice m'a convoquée, c'est parce que l'un d'entre vous s'est lancé dans le commerce et fait circuler de l'argent dans l'école, ce qui est formellement interdit, je vous le rappelle. Axel, je te félicite pour ton ingéniosité mais il faut restituer l'argent à tes amis et clients.

L'accusé se tortille sur sa chaise avant d'oser :

– Impossible, madame. J'en ai vendu à toute l'école et je ne sais plus trop à qui.

Puis dans un sursaut :

– Mais ce n'est pas juste car Henri m'a copié et lui aussi a vendu des patrons. Lui aussi doit de l'argent.

Tout un système d'échanges s'est mis en place dans ma classe : il y a plusieurs usines concurrentes, des patrons vendus par dizaines et des consommateurs visiblement plutôt satisfaits.

Axel finit par présenter ses excuses pour tout le tracas qu'il a causé et propose d'utiliser les sommes gagnées pour offrir des bonbons. Solution adoptée à l'unanimité, assortie de la promesse de mes petits « patrons » de ne pas recommencer...

L'esprit d'entreprise n'est pas du tout étranger aux enfants. Nous les avons tous vus jouer à la marchande ou au Monopoly avec délectation. Nous savons bien qu'ils aiment les marques et l'argent de poche. Je dirais même qu'ils ont le commerce dans le sang. Ils sont ambitieux, créatifs, inventeurs, ingénieux, naturellement portés à l'échange et ne demandent qu'à laisser s'épanouir ces qualités jusqu'à ce que l'école, les médias, la société dénigrent les activités marchandes au profit de l'humanitairerie, comme dirait Musset.

Ils aiment la compétition, la concurrence, l'innovation. Dès qu'ils en ont l'occasion, ils interrogent leurs parents, leurs enseignants : « Comment on sait que c'est le bon prix ? », « C'est quoi les impôts ? », « C'est quoi l'inflation ? », « Pourquoi y a du chômage ? », « Ça marche la pub ? », « Madame, comment ça se fait que vous êtes payée alors que quand je vais à l'école c'est gratuit ? », « Pourquoi l'or ça vaut plus cher que l'argent ? », etc.

L'une de mes bonnes amies travaille dans un CFA (centre de formation d'apprentis) depuis quelques mois. Elle y côtoie des jeunes gens ayant quitté l'École avec un grand É pour se lancer dans la formation professionnelle. Elle me raconte qu'ils ont presque tous envie de « se lancer » dans la création d'entreprise. Il faut dire qu'ils ne subissent pas les cours de SES (sciences économiques et sociales, toujours sociales…) que l'on inflige à nos lycéens à partir de la seconde.

SES…

L'économie n'est donc pas enseignée pour elle-même. C'est un peu comme si on enseignait l'histoire et la psychologie dans le même cours. Oui, après tout, le soldat franc qui a brisé le vase de Soissons était peut-être mu par des instincts primaires et des sentiments de haine pathologiques. Pourquoi ne pas coupler histoire et psychiatrie ?

Dès 2008, le rapport Guesnerie pointait une vision déterministe et subjective des programmes et manuels d'économie. Il leur reproche de céder à la tentation de se centrer « beaucoup trop sur les problèmes sociaux contemporains (nouvelles pauvretés, renouveau et aggravation des inégalités scolaires, etc.) ». Certains manuels les abordent « dans les termes du vocabulaire médiatique, sans l'effort premier de réélaboration rigoureuse des concepts permettant d'identifier les termes analytiques du problème ». Le rapport désapprouve « une vision déterministe du social, à laquelle peut aisément encourager la découverte de régularités statistiques » et qui « l'emporte souvent sur une vision plus ouverte qui fait toute sa part à l'autonomie des acteurs sous contrainte, à leur capacité d'invention en réponse aux questions de tous ordres qui leur sont posées par la vie en société ». Plus généralement, ce rapport dénonce un grand relativisme : « Le danger est alors [...] de donner l'impression que les sciences sociales ne sont qu'une collection d'opinions contradictoires sur le monde, qui, au final, se valent toutes et donc ne permettent de fonder aucun savoir solide[1]. »

Ce rapport avait été commandé par le ministre de l'Éducation nationale Xavier Darcos. L'objectif était alors de corriger les défauts de cet enseignement. La même année, l'Académie des sciences morales et politiques concluait elle aussi un rapport sur l'enseignement des sciences économiques et sociales par un point de vue très pessimiste : « On aimerait pouvoir dire, au moins pour la partie concernant la science économique, que l'élève ne retirera de cet enseignement que peu de bénéfices. Mais même cette conclusion paraît trop optimiste ; il est difficile d'écarter l'hypothèse que cet enseignement, inadapté dans ses principes et biaisé dans sa présentation, soit en fait néfaste[2]. » On ne mâche pas ses mots à l'Académie.

Ces rapports ont sans doute été consciencieusement enterrés quelque part dans les jardins d'un ministère par les fonctionnaires de l'Éducation nationale puisqu'en 2017, l'Académie des sciences morales et politiques, constatant que rien n'avait changé, a décidé de remettre l'ouvrage sur le métier en publiant un deuxième rapport aux conclusions guère plus encourageantes : les programmes font le choix de l'encyclopédisme au détriment de la maîtrise des notions de base ; ils méconnaissent l'entreprise et ses mécanismes ; les manuels prennent parfois des positions très idéologiques (vision négative *a priori* de la mondialisation) voire marxistes (les plus-values y sont définies comme des sommes extorquées aux travailleurs et non comme une rémunération du capital), etc. Un troisième rapport a été rédigé par la même Académie[3]. Il n'a pas fait plus de bruit.

Ouvrons des manuels de SES d'aujourd'hui. Leur iconographie est caricaturale. Les chapitres sur la mondialisation par exemple sont presque systématiquement accompagnés de photos montrant des délocalisations et des enfants exploités au Bangladesh, et mettent en avant l'effondrement des prix ou la moindre qualité des marchandises importées. Ils sont truffés de témoignages larmoyants au détriment de textes complexes d'auteurs reconnus. Les termes « inégalités » et « justice sociale » sont utilisés sans être définis et induisent une idée de déni de justice.

Voici quelques phrases extraites des programmes actuels :

– « Connaître les principales limites écologiques de la croissance » ;
– « Savoir illustrer le caractère différencié des processus de socialisation en fonction du milieu social et du genre » ;
– « Comprendre que le salaire est déterminé par le niveau de formation » ;
– « Comprendre que les chances d'accès aux formations diplômantes sont socialement différenciées ».

Le seul enseignement de l'économie que les élèves français reçoivent leur est délivré à partir du lycée, noyé dans des considérations morales et sociologiques. Il est politiquement orienté pour provoquer l'adhésion à une politique de redistribution et d'interventionnisme étatique effréné. Il encourage au rejet des riches et à la dénonciation de l'argent. Il prône le collectif contre l'individu. Il ne peut admettre l'existence de l'entreprise que si elle a une vocation sociale. Or la compréhension des mécanismes économiques suppose justement d'échapper au clivage gauche-droite et d'arrêter de ranger les salauds de patrons d'un côté et les pauvres ouvriers exploités de l'autre.

Régulièrement, les grands médias – qui ne sont pourtant pas les derniers à colporter n'importe quelles balivernes quand il s'agit d'économie : « un quart des travailleurs mourront avant leur retraite » ; « les inégalités ont explosé dans notre pays », « la France est un enfer ultralibéral » – se demandent comment remédier au manque de culture économique des Français. Louable intention.

En septembre dernier, *Télérama* a publié une interview d'Esther Duflo, Prix Nobel d'économie : « Non, les enfants ne sont pas trop jeunes pour entendre parler de pauvreté. » Elle venait de publier une série de petits livres d'économie pour les enfants. L'idée me semblait excellente : ne pas attendre que le lycée modèle leur pensée, leur donner des notions de base utiles pour comprendre le monde qui les entoure. Mais je découvrais que la seule chose dont un Prix Nobel d'économie souhaitait parler aux enfants était la pauvreté ! Cette dame est économiste du développement, et sa collection pour les petits est en réalité une adaptation de l'un de ses ouvrages s'intitulant *Repenser la pauvreté*.

Un peuple a besoin de prospérité pour être heureux. Cette prospérité ne se décrète pas : elle est le produit du travail d'agents créatifs, libres et responsables. L'école française transmet aux enfants le rêve de devenir des serviteurs de l'État, et ce depuis Napoléon Ier. Ils sont éduqués par des maîtres d'école souvent fiers d'être des « agents de la République », des « militants de la laïcité » et non des personnes libres. Il y a très peu d'exemples d'enseignants entrepreneurs. Quant à ceux qui ont quitté une activité privée, « marchande », pour se reconvertir dans le professorat, ils présentent souvent cela comme une recherche de sens. Est-ce à dire que travailler dans une entreprise n'aurait pas de sens ?

Même quand l'école essaie de se rapprocher du monde de l'entreprise, elle se montre contre-productive : Pap

Ndiaye a promis d'allonger les périodes de stage des élèves de collège et lycée. Bonne idée mais ces stages sont rémunérés… par l'État, ce qui fausse profondément et durablement la relation que les élèves ont avec le monde de l'entreprise. On les fonctionnarise d'office. Tout n'est qu'artifice et mise en scène là-dedans.

L'économie dès l'école primaire

Nos enfants raffolent d'économie mais cet appétit ne trouve pas de quoi se nourrir. Pourquoi ne pas les initier à quelques grandes notions simples, leur donner un « bon sens économique » dès l'école primaire ? Ils peuvent comprendre ce que sont la propriété privée, le travail, la valeur ajoutée, la loi de l'offre et de la demande, l'épargne et l'investissement. Pas de statistiques ni de calculs compliqués. Quelques pistes, en vrac :

– À l'occasion de la résolution des problèmes, commencer l'année par donner un lexique aux élèves afin que des notions telles que le coût, le prix, le bénéfice ou le chiffre d'affaires soient claires.

– Travailler sur la notion de propriété : dans une classe, quelle est la propriété de chacun ? À qui appartiennent en réalité les biens, les objets qui semblent collectifs ? Par voie de conséquence, qui en est responsable ? Qui doit en prendre soin ?

– Utiliser les contes ou les fables pour réfléchir sur des notions économiques ou juridiques simples. *Le Laboureur et ses enfants* parle de travail, d'épargne, de valeur ajoutée et de patrimoine. *Le Loup et le Chien*, d'arbitrage entre sécurité et liberté. Jack fait un pari économique gagnant en risquant sa vache contre quelques haricots…

– Pour chaque époque étudiée en histoire, s'intéresser davantage aux inventions et progrès techniques. Le monde dans lequel nous vivons est façonné par la technique et le génie humains, pas seulement par les lois, les relations sociales et les guerres. Les manuels d'histoire sont peu diserts sur ces sujets et occultent de ce fait la puissance du génie individuel (aucune de ces inventions n'est le produit d'un groupe de travail ou d'une volonté concertée) au profit des mouvements collectifs (partis politiques, groupes sociaux, armées…). L'histoire doit aussi montrer que le monde a besoin de personnalités exceptionnelles, de grands inventeurs, mus par le plaisir de la découverte plus que par le bien-être de l'humanité ou la sollicitude.

– Les Suisses n'enseignent pas la science économique aux jeunes gens, mais la gestion d'entreprise, considérant qu'il y a plus de chances qu'ils deviennent patrons de PME que professeurs d'économie à l'université. Savoir lire un compte de résultats ou un bilan, savoir calculer un ratio, se familiariser avec les outils de base de gestion des stocks, une trésorerie, des emprunts : autant de compétences utiles un jour ou l'autre à la plupart d'entre nous.

– Raconter l'histoire du commerce, des marchands, des hanses, des corporations, des marques et plus généralement des échanges entre êtres humains. Il n'y a pas que les guerres dans l'Histoire, il y a le commerce aussi.

– Oser ! Certaines écoles innovent en proposant à leurs élèves des cours d'entrepreneuriat. C'est le cas de l'école Concordia à Paris, qui m'a ouvert ses portes un après-midi de février 2023, et où j'ai vu une dizaine d'élèves de CM2 jouer à un jeu de stratégie d'entreprise[4]. Après quelques explications et un peu d'entraînement, les élèves se comportaient en véritables patrons en herbe, arbitrant entre distribution des dividendes et investissements, débattant des meilleurs moments pour agir et réclamant la possibilité d'emprunter. Pourtant novices en la matière, ils performaient au-delà de toute espérance, mêlant intuition et mise en œuvre du modèle d'analyse que nous leur avions fourni.

L'entreprise – et c'est son sens étymologique – est l'expression d'un projet personnel, d'un élan émancipateur. Cessons de la présenter aux enfants comme une occasion pour certains de s'enrichir sur le dos des autres. La France souffre de cette méfiance vis-à-vis des entrepreneurs. Cultivons un peu plus le goût du risque chez nos enfants. Sans quoi nous périrons, égaux peut-être, misérables certainement.

20

Jargonnez, jargonnez ! Il en restera toujours quelque chose

> « [...] nos paroles nous engagent et [...] nous devons leur être fidèles. Mal nommer un objet, c'est ajouter au malheur de ce monde. »
>
> Albert Camus,
> *Sur une philosophie de l'expression*

2003. Je décide de préparer le « concours d'instit ». De formation juridique, je suis alors commerciale dans une agence de communication. J'ai l'habitude d'avoir affaire à des clients exigeants. Ils recherchent l'efficacité, la clarté, la simplicité. En entrant dans le monde merveilleux de l'enseignement, je ne suis pas du tout préparée à me débattre avec une novlangue dont le but n'est pas de communiquer mais d'impressionner et d'égarer l'interlocuteur dans les brumes du pédagogisme.

D'ailleurs, je croyais préparer le concours d'instit mais pas du tout ! Je suis inscrite pour passer celui de « professeur(e) des écoles ». Le même mais en plus chic. Je me pousse du col : de ma chaire, je pourrai bientôt *professer* l'accord du participe passé et les propriétés des droites parallèles. Mes élèves seront-ils des « étudiants des écoles » ? Non, juste des « apprenants ». « Élève » est sans doute trop méprisant : une classe n'est pas un cheptel. Non mais !

Cela dit, en bientôt vingt ans d'enseignement, aucun de mes élèves n'a jamais levé la main en demandant : « Professeure des écoles ! Professeure des écoles ! J'ai pas compris l'exercice 2 ! ». Les pauvres petits réacs en sont restés à « maîtresse » ou à « madame ». Esprits forts.

Un jour de printemps, la formatrice en mathématiques m'interpelle. Je suis attentive à ses conseils car elle est la seule qui ait véritablement fait son métier cette année-là.

– Vous vous sentez bien ici ?
– Oui, enfin ça peut aller. Mais je préfère les périodes de stage.
– Vous êtes une bonne élève. Vous avez toujours été bonne élève, j'imagine. Vous avez tout à fait le niveau pour décrocher le concours haut la main mais vous devriez faire attention à quelque chose.
– Ah ? Dites-moi.
– Vous n'utilisez pas assez les expressions qu'on vous enseigne. Je vais vous la faire courte : employez le jargon jargonneux qu'on vous apprend ici et vous serez très bien classée.

Elle ajoute, avec un demi-sourire :

– Pour les maths, vous prenez le Ermel[1], vous notez et vous apprenez une dizaine d'expressions actuelles. Le jour du concours, vous les replacez subtilement dans votre copie. *Idem* en français puis lors des épreuves orales et tout ira bien. N'oubliez pas les instructions officielles. Les correcteurs ont des grilles de lecture, ils balaient les copies du regard à la recherche de ces expressions.

Je ne saurai jamais ce qui m'a valu ce traitement de faveur. Peut-être était-ce un rappel à l'ordre. Quoi qu'il en soit, j'ai scrupuleusement suivi ses conseils, émaillant mes copies de « situations problèmes », d'« évaluations sommatives » ou de « stratégies inopérantes ». J'ai décroché le concours haut la main, comme elle l'avait prédit.

Patrice Romain, dans son livre *Pédagofreak*[2], décrit la même expérience : pour le concours interne de professeur des écoles, il a appris par cœur une cinquantaine de ces mots abscons, les a couchés sur un brouillon dès le début de l'épreuve puis répartis dans sa copie. Il est ainsi arrivé deuxième sur plusieurs centaines de candidats. « Le petit instituteur que j'étais s'est alors soudainement transformé en grand professeur des écoles, mes élèves sont devenus des apprenants et mes cours, des formations en mode présentiel. »

À mesure que l'état de l'école se dégrade et que les programmes se vident de leurs contenus réels, disciplinaires, l'utilisation d'une langue propre à l'Éducation nationale se développe. Les notions les plus simples deviennent alors incompréhensibles pour le commun des mortels. Certains sont leurrés par la grandiloquence des propos, d'autres en rient ou l'ignorent mais malheureusement personne n'est complètement immunisé contre elle. En renommant des choses anciennes, en nommant des choses qui n'existent pas, on fait croire à de futurs professeurs qu'ils ont acquis de nouvelles notions alors qu'ils ne savent rien de plus si ce n'est ce jargon.

George Orwell écrivait : « *Clearly, people capable to use such phrases have ceased to remember that words have meanings*[3] » (« Clairement, les gens capables d'utiliser de telles phrases ont oublié que les mots avaient un sens »). Si l'on n'expurge pas rapidement ce jargon de son cerveau, il le contamine irrémédiablement. Pour chaque expression alambiquée, il doit exister un terme simple. Il faut le trouver. Si ce n'est pas le cas, cela signifie sans doute qu'aucune réalité ne correspond au jargon.

Prenons quelques exemples.

Dans les programmes de cycle 3[4] :

– En géographie : « La notion d'habiter est centrale au cycle 3 [...]. En géographie, habiter ne se réduit pas à résider, avoir son domicile quelque part. S'intéresser à l'habiter consiste à observer les façons dont les humains organisent et pratiquent leurs espaces de vie, à toutes les échelles. » À mon époque on disait l'« habitat »...
– En mathématiques : « Il est possible, lors de la résolution de problèmes, d'aller avec certains élèves ou avec toute la classe au-delà des repères de progressivité identifiés pour chaque niveau. » Je serais curieuse d'avoir une définition précise des « repères de progressivité »...
– En sport : « Valider l'attestation scolaire du savoir-nager (ASSN). » Le savoir-nager, c'est un peu comme le savoir-marcher mais en milieu liquide, non ?
– En musique : « Expérimenter les paramètres du son et en imaginer en conséquence des utilisations possibles. » Faire du bruit ?
– En français :
« Mobilisation d'actes langagiers qui engagent celui qui parle. » Parler ?
« Prendre en compte les normes de l'écrit pour formuler, transcrire et réviser. » Maîtriser l'orthographe, vous voulez dire ?

« Observer le fonctionnement du verbe et l'orthographier. » Savoir conjuguer, peut-être ?
« Interagir de façon constructive avec d'autres élèves dans un groupe pour confronter des réactions ou des points de vue. » Participer à un débat ?
« Maintien d'une attention orientée en fonction du but » : « Lucie, cesse de bavarder », par exemple ?
« Préparation individuelle ou à plusieurs [*sic*] des éléments à mobiliser dans les échanges (idées, arguments, matériau linguistique : mots, expressions, formulations). » Bon là, je sèche.

Des pages et des pages d'expressions vides de sens, de périphrases inutiles, de littérature définitionnelle. Oulipien. Ou plutôt ouvroir de prise de tête assurée.

Sur le site de l'académie de Lille, le groupe départemental de travail a mis en ligne un document intitulé « De l'aisance aquatique au savoir nager sécuritaire… à la natation[5] ». Le document est comique de bout en bout. Pour la bonne bouche :

– Le « corps flottant » est appelé à « vivre l'eau ».
– Le « corps projectile-corps propulseur » doit « aborder les entrées dans l'eau la tête en avant, comme élan à la propulsion pour aller vers le plongeon : passer du debout à s'aligner dans l'eau ».

On touche le fond, si j'ose dire.

Ces textes indigestes sont analysés, décortiqués puis ingurgités par des cohortes de jeunes ou futurs enseignants. On les lobotomise à coups d'acronymes, de phrases insensées et ampoulées. On leur fait perdre des journées entières de leur vie d'étudiants en exégèse de textes incompréhensibles, rédigés par des fonctionnaires dont on se demande s'ils ne sont pas sous l'emprise de substances psychotropes puissantes. En fait non : ils sont tout simplement incapables de rédiger simplement la moindre phrase. Ils ont oublié comment on fait…

Il ne s'agit pas de cosmétique : le changement est profond. Lorsqu'on bannit le mot « rédaction » pour le remplacer par « expression écrite », on signifie que l'oral prend le pas sur l'écrit. L'élève peut se contenter de coucher sur papier ce qui lui passe par la tête alors que la rédaction suppose un travail anticipé, une réflexion, une adaptation de sa pensée au support et au type de texte choisi. C'est un appauvrissement considérable.

Autre exemple : la grammaire est un monde magique, avec ses arcanes, ses profondeurs et ses diableries. Elle est un terrain de jeu formidable pour des élèves qui aiment raisonner, comparer, déduire. Elle était le premier des arts libéraux au Moyen Âge et comprenait l'étude du langage correct et de la littérature*. Elle ouvre la voie aux langues

---

* Les sept arts libéraux désignent une grande part de la matière des écoles de l'Antiquité, puis du Moyen Âge. Ce corpus est repris dans l'œuvre d'Alcuin, précepteur de la famille de Charlemagne. Il s'agit de la grammaire, la dialectique et la rhétorique (*trivium*), de l'arithmétique, la musique, la géométrie et l'astronomie (*quadrivium*). On trouve ce moyen mnémotechnique dans le dictionnaire pédagogique de Ferdinand Buisson : « *Gramm loquitur, Dia verba docet, Rhet verba colorat, Mus canit, Ar numerat, Geo ponderat, Ast colit astra* » (« La Grammaire parle, la Dialectique

flexionnelles comme l'allemand, le russe, le grec et le latin. Elle contient les règles d'un art. Ne parle-t-on pas de grammaire musicale également ? Le mot « grammaire » a été remplacé par « ORL », « observation réfléchie de la langue », terme bureaucratique et ronflant. Quel élève de huit ans a envie d'observer la langue ? « Je suis passionné d'ORL, madame ! », « J'ai une leçon d'ORL à te réciter, papa »… Sérieusement ? On dirait une spécialité médicale…

À force de dressage et de répétition, les enseignants finissent non seulement par s'approprier cette novlangue ridicule mais intègrent aussi qu'il existe des mots interdits. Ils savent que s'ils les prononcent à la machine à café ou pire, devant un inspecteur, ils seront immédiatement rangés dans la catégorie des nauséabonds réactionnaires d'extrême droite. Les mots « faute », « bon (ou mauvais) élève », « classement », « interro », « examen » et tous ceux qui peuvent laisser transparaître un manquement à la foi égalitaire sont proscrits.

On m'a demandé plusieurs fois de ne pas qualifier les élèves dans les commentaires des livrets d'évaluation. Dire d'un enfant qu'il est bavard en classe ou qu'il n'est pas attentif est discriminant. Le verbe « être » est stigmatisant. Il essentialise (forcément…). Il est possible d'écrire qu'il « a tendance à s'éparpiller » ou qu'il « se laisse distraire » car cela n'implique pas de jugement. Et encore ! Il faut alors faire précéder ce genre de critiques de compliments,

---

enseigne, la Rhétorique colore les mots, la Musique chante, l'Arithmétique compte, la Géométrie pèse, l'Astronomie s'occupe des astres »).

commencer par « dire ce qui va bien » pour ensuite évoquer les « axes de progrès ». Voilà les consignes…

Cela fait maintenant vingt ans que j'enseigne. De PPRE en ATSEM, d'école-de-la-réussite-pour-tous en école-de-la-confiance-pour-chacun, chaque ministre appuyé de son administration a tenu à marquer son territoire en laissant son lot d'acronymes grotesques et d'expressions lénifiantes.

La langue évolue, il ne s'agit pas de s'accrocher à des usages antiques et dépassés. Elle se simplifie parfois, se mâtine d'apports étrangers, s'enrichit au fur et à mesure des progrès techniques ou des modes nouvelles mais lorsque cette évolution se fait par une intervention étatique, c'est en général parce que le pouvoir cherche à falsifier le réel en interdisant ses manifestations linguistiques. Les soviétiques et les nazis avaient entrepris cette transformation méthodique, heureusement avortée. C'est ce que racontent et décryptent Victor Klemperer dans *LTI, la langue du IIIe Reich*[6] et Françoise Thom dans *La Langue de bois*, ouvrages qu'il faudrait laisser traîner l'air de rien dans les ISFEC et les INSPÉ. On ne sait jamais…

21.

Vous ne devez pas transmettre

> « Il ne faut pas que l'instituteur soit dans la commune le représentant du gouvernement ; il convient qu'il y soit le représentant de l'humanité ; ce n'est pas un président du conseil, si considérable que soit un président du conseil, ce n'est pas une majorité qu'il faut que l'instituteur dans la commune représente : il est le représentant né de personnages moins transitoires, il est le seul et l'inestimable représentant des poètes et des artistes, des philosophes et des savants, des hommes qui ont fait et qui maintiennent l'humanité. »
>
> Charles Péguy, *De Jean Coste* (1902).

Il serait souhaitable que nos ministres de l'Éducation lisent ce petit essai de Charles Péguy et réalisent leur vanité. Personnages bien transitoires, leurs excrétions trop nombreuses seront heureusement balayées par le temps. En attendant que celui-ci opère, ils vandalisent l'école.

– Vous ne devez pas transmettre, vous ne devez pas être quelqu'un qui sait au milieu de personnes qui ne savent pas.

Voilà l'une des premières sentences que ma jeune collègue Anne-Claire, enseignante depuis quelques mois, a pu entendre en formation l'année dernière. À l'instar de Rachel Boutonnet, l'auteure du *Journal d'une institutrice clandestine*, elle a eu la présence d'esprit de noter ce qu'elle entendait, cette introduction l'ayant mise en appétit. Le même jour, à propos des bibliothèques d'écoles, on lui asséna :

– Les bibliothèques silencieuses, c'est fini. On ne veut plus des heures passées à étudier dans les livres, on est là pour échanger, discuter, partager, etc.

En d'autres mots : la concentration, le silence, la réflexion personnelle sont bannis. Que celui qui aime s'isoler pour profiter de sa lecture passe son chemin.

Vos enfants sont donc confiés à des enseignants auxquels toute l'institution serine : « Ne transmettez aucun savoir : la transmission est dépassée, le savoir est une violence de classe, il creuse les inégalités, les connaissances ne servent à rien, ce qu'il faut ce sont des compétences et des savoir-faire. » L'idée largement relayée par la plupart des systèmes éducatifs occidentaux qu'une tête bien faite vaut mieux qu'une tête bien pleine a malheureusement enfanté de terribles avatars jusque dans les programmes contemporains, où les connaissances sont toujours dévalorisées au profit des compétences. Tous établissent une opposition entre les faits, perçus comme néfastes, et… quelque chose d'autre, qu'ils ont eux-mêmes des difficultés à définir : le sens, l'imagination, la créativité, l'expérience, que sais-je ? Incapables de définir ces « choses » supposées supplanter le savoir, ils les nomment « compétences ».

Ils sont des milliers à subir chaque année ces formations décourageantes au cours desquelles ils n'apprennent rien d'autre qu'à endoctriner des petits sans leur apporter ni contenu ni méthodes mais en tentant de développer leurs « compétences » : coopérer, faire une recherche sur Internet, prendre la parole à bon escient… Mais demander à des enfants de tout découvrir seul, c'est les plonger dans le vide de leur inexpérience. Ne leur donner ni consignes ni objectifs revient à exiger d'eux une soumission aveugle. Quel individu accepterait d'obéir à un autre sans savoir ni comment ni pourquoi ?

Pourtant, le bon sens nous conduirait plutôt à penser que :

– la compétence est l'expression d'une expérience et d'une maîtrise. Elle ne peut s'exprimer que dans l'action et dans un contexte donné ;

– l'élève a besoin de progressivité. L'adulte est justement là pour compenser son inexpérience. Cet adulte sait « où ils vont ensemble ». Pour qu'un petit enfant puisse déchiffrer un texte, il faut lui présenter les combinaisons de lettres avant de lui présenter des mots les contenant. Cela évitera d'avoir à enseigner l'orthographe et la lecture aux élèves d'université ;

– l'élève a besoin de sens : il faut lui expliquer pourquoi il est en classe, ce qu'il va y apprendre et comment. Il faut faire de même avec toutes les disciplines enseignées : lui en présenter l'histoire et l'utilité ;

– l'élève a besoin d'un cadre rassurant, de règles et

d'autorité. Ériger l'enfant en citoyen auquel on enseigne ses droits avant même qu'il soit responsable de ses actes est insensé. En réalité ça provoque la violence dans les classes ;

– l'élève n'est pas identique à son voisin de classe. Idéalement, il doit pouvoir choisir un système, une école, une pédagogie qui lui conviennent.

L'élève est avide de connaissances : il ne peut exercer son sens critique et son intelligence que sur un contenu. Toute réflexion a besoin d'un sujet. Ce contenu nourrira sa mémoire à long terme et délestera par voie de conséquence sa mémoire de travail. Les récentes études sur l'intelligence artificielle ont permis de déterminer que la mémoire de travail ne peut prendre en charge qu'un nombre limité d'informations et d'opérations. Si l'élève doit en même temps suivre des consignes de présentation, lire un énoncé et reconstruire les tables de multiplication, il n'a aucune chance de s'en sortir. C'est pour cette raison qu'elles doivent être sues par cœur. Il en est de même avec les règles de grammaire, d'orthographe, la chronologie, etc.

Imaginez que vous soyez obligé de consulter un manuel d'histoire chaque fois que vous « tombez » sur le nom d'un roi dans un article ou en visitant un château, vous seriez complètement découragé ! Le fait d'avoir de nombreuses connaissances préalables sur Charlemagne ou Louis XIV vous libère pour comprendre d'autres choses.

La mémoire à long terme sait aussi stocker des procédés. Les milliers de faits qu'on y a mémorisés s'organisent en schémas. Toute nouvelle connaissance vient s'agencer dans ce schéma. En résumé, plus on sait de choses, plus on est capable d'en apprendre. Et plus on étend sa mémoire à long terme, plus elle sera convocable pour repousser les limites de la mémoire de travail. La connaissance est un cadeau concret, une pierre apportée à l'édifice mental que chacun d'entre nous construit à sa façon.

Non seulement l'école doit transmettre des connaissances mais son but devrait être d'en transmettre suffisamment pour conduire les élèves à l'autodidactisme, leur donner les moyens de poursuivre seuls les formations qui les intéressent, de se choisir les maîtres qu'ils admirent et de juger de la qualité des contenus qu'on leur propose.

22

La Garderie nationale

Mars 2020. La France est confinée. Comme tous les enseignants, je suis renvoyée chez moi, chargée d'une mission : assurer la « continuité pédagogique » malgré ce vilain virus communiste.

Dans la panique générale, personne ne se demande si les enseignants et les familles sont suffisamment équipés pour garder un lien continu. Que chacun se débrouille, on verra bien. L'État nous explique en détail comment nous savonner les mains et aérer nos appartements mais ne se préoccupe aucunement de procurer aux élèves les moyens d'apprendre à la maison.

Je suis invitée à m'exprimer à l'antenne de Sud Radio. On me demande d'expliquer aux auditeurs comment s'organiser avec l'école « en distanciel ». J'avoue alors être dans le flou et je propose quelques astuces sans grande conviction. Je n'ai pas du tout conscience de la gravité de la situation. Je déplore surtout qu'on ferme les écoles si rapidement à cause d'un virus qui affecte très peu les enfants. L'humour et l'énergie du petit Antoine que j'ai mis un moment à apprivoiser me manquent déjà et plus globalement je suis très triste de m'éloigner de ma classe. Les pronostics vont bon train : « Dans dix jours c'est réglé » ou au contraire « On en prend pour dix ans ! ».

En développant mes idées avec les autres invités – Philippe Bilger et Danièle Gilbert –, je réalise que j'ai beaucoup de chance de travailler dans un beau quartier où les familles sont équipées en informatique. Je dispose d'Internet et d'un ordinateur un peu vieillot mais en état de marche. Nous allons l'assurer, cette continuité pédagogique ! Ce n'est pas ce satané virus qui va nous empêcher de travailler !

En effet, après quelques jours, chacun prend ses marques. Je fournis à mes vingt-sept élèves les leçons, les exercices, les corrections et le soutien nécessaires pour leur garantir que ce dernier trimestre hors normes les conduira malgré tout confortablement en sixième. Ils s'habituent à faire du calcul « en Zoom », à me solliciter par messagerie si nécessaire, récitent leurs poèmes devant la caméra. Quelques bons élèves sont même plutôt satisfaits, libres enfin de gérer leur temps à leur guise.

Des amis me disent que les professeurs de leurs enfants se sont évanouis dans la nature ! Ils ne trouvent pas leur compte parmi les offres interactives de l'Éducation nationale, et on les comprend ! Je défie quiconque de se passionner pour un cours diffusé sur la plateforme Lumni où des enseignants parlent à des tables et à des chaises, posent des questions à des élèves absents : « Alors tu es bien installé ? Tu as ouvert ton cahier ? Étais-tu là au cours précédent ? » Je les intègre à ma classe virtuelle. Je me retrouve avec trente-quatre élèves. Plus on est de fous…

Leur sérieux et leur motivation me sidèrent. Consciencieux, ils s'inquiètent lorsque j'ai un peu de retard dans mes envois, me contactent quand ils ont des difficultés de compréhension, réclament des évaluations, des poèmes au même rythme qu'« avant ». Ils réalisent leurs travaux avec soin et les rendent à temps. Ils m'écrivent de longs messages pour m'expliquer comment ils s'organisent. Ils cherchent un sens à ce qu'ils font et réclament leur dû : apprendre quelque chose, ne pas perdre leur temps. Je leur demande d'écrire un poème sur la liberté : ils m'envoient des vers rimbaldiens. La réclusion à durée indéterminée les rend très créatifs.

D'un autre côté, j'ai évidemment des occasions d'échanges avec leurs parents. Certains se penchent sur le contenu de ce que je demande à la classe. Il y en a même qui se proposent de m'aider à chercher des ressources virtuelles. Mais à ma grande surprise, la plupart d'entre eux ne prête aucune attention aux contenus, leçons et exercices que je délivre à leurs bambins ! Ils me demandent de bien remplir les « heures d'école » mais après tout, qu'ils planchent sur les fractions, le passé simple ou des mots croisés, ce qui compte, c'est qu'ils soient mis hors d'état de nuire six heures par jour.

Mes yeux se dessillent soudain : pour un grand nombre de parents, l'école est avant tout un lieu de garde. Tant que la pandémie fait rage, les enseignants sont priés de baby-sitter les élèves. On m'appelle, on m'écrit, on me textote, on me whatsappe pour réclamer des coloriages, des énigmes, des conseils d'émissions pédagogiques… Toute activité est la bienvenue pourvu qu'elle soit chronophage et qu'elle ne demande pas l'aide ni l'intervention d'un adulte.

Confinée avec mes fils, j'expérimente la difficulté de travailler tout en assurant « l'école à la maison » et je comprends cette nécessité d'occuper sans cesse des enfants enfermés dans des appartements pendant des semaines. J'écume Internet en quête de jeux éducatifs et de coloriages magiques que je n'aurais jamais proposés en classe. Je me surprends à envoyer n'importe quoi car avant tout, il faut les O-CCU-PER !

Mes collègues font le même constat : les parents ne supportent pas que certains enfants effectuent en trois ou quatre heures des tâches qui les absorbent une journée entière à l'école. C'est logiquement le cas des bons élèves qui, en temps « normal », sont ralentis par les autres. À l'école il y a des récréations, des transitions, des rituels, la cantine et les « activités périscolaires » comme on dit. Il y a aussi les plus lents, qu'il faut attendre.

On raconte à la télévision des histoires folles de professeurs qui disparaissent, laissant leurs élèves sans travail, sans leçons. Les parents lâchent alors d'un air fataliste : « De toute façon, on n'a pas le choix, on rattrape ça avec les cours par correspondance, fournis par le CNED [c'est-à-dire le ministère] et on fera des devoirs de vacances. »

Mais était-ce si différent avant le Covid ? Je ne crois pas. On n'avait déjà pas le choix.

Dépossession

Piégés par un système qui nous a dépossédés de l'un de nos droits les plus élémentaires, celui de choisir les gens auxquels nous confions la chair de notre chair durant des journées entières, nous sommes résignés. On nous serine que l'école est gratuite. Oui mais laquelle ? Celle du pâté de maisons. Qu'en dit-on dans le quartier ? Elle est moyenne ? Bah, ça ira bien. De toute façon, la seule alternative, c'est le privé. Et le privé est cher. Il faut bien se contenter de ce que l'État nous offre.

Nous finissons par nous convaincre que « ce n'est pas si mal ». Il serait insupportable d'emmener chaque matin les êtres les plus précieux à nos yeux dans une école qui maltraite leur intelligence. Par un réflexe de protection psychologique bien compréhensible, nous détournons le regard de ce que vivent nos enfants tous les jours.

De quels choix dispose en réalité celui qui réalise enfin que l'Éducation nationale ne fait plus son travail ? L'instruction en famille est aujourd'hui soumise à un régime strict d'autorisation et en l'absence de financement public des écoles privées, type chèque scolarité, les écoles libres sont souvent onéreuses et de toute façon trop peu nombreuses pour répondre à toutes les demandes. Il est des États où le financement public suit le choix des parents. Il en est d'autres où les parents reçoivent un chèque scolarité. En France, ce sont des fonctionnaires qui décident des sommes versées à chaque école en fonction de critères aussi fumeux que l'IPS. Inscrire son enfant dans une école libre, c'est consentir à payer double.

Le ministère de l'Éducation nationale lui-même considère l'école comme une garderie. C'est cocasse. En décembre 2022, par exemple, le ministre Pap Ndiaye fait savoir qu'en cas de coupures d'électricité pour « délestage du réseau », les enfants n'auront pas classe le matin. Il est vrai qu'enseigner sans lumière et sans chauffage, tous systèmes d'alarme désactivés, n'est pas idéal. Mais que s'imagine-t-on ? Que les matinées perdues se rattrapent aisément ?

Demandez le programme !

Il est difficile de faire machine arrière lorsque l'instruction a été mal initiée. C'est manifeste pour l'apprentissage de la lecture : un élève qui apprend avec une méthode qui ne lui convient pas peut être affligé pour des années d'un retard important. Et puis un enfant à qui l'on n'apprend rien se dégoûte de l'école. Il a beau être jeune, il sait que son temps est précieux et hait ceux qui le lui volent.

Alors, gardez la main ! Dans la mesure du possible, ne ratez pas la réunion de parents. Allez-y armé d'un calepin et tous sens dehors. Observez la classe, les manuels, écoutez bien le niveau de langue de l'enseignant, imaginez-vous assis à la place de votre enfant, passer six heures chaque jour à écouter cet adulte parler et à lui obéir. Dès que possible, demandez le programme ainsi que la progression. Les professeurs sont tenus de les élaborer et de les afficher en classe. La progression détaille, matière par matière, les différentes étapes de l'apprentissage dans chaque domaine. Elle reflète la mise en œuvre du programme. Elle vous permet d'aider votre enfant car vous pouvez anticiper les notions qu'il abordera dans les semaines à venir. L'enseignant sera sans doute ravi de vous fournir cette progression. S'il ne l'est pas, vous le mettrez devant sa responsabilité et c'est très bien ! N'hésitez pas non plus à le questionner sur le choix de tel ou tel manuel, ou des affichages de la classe. Vous verrez très vite s'il est pris dans une routine ou s'il a réfléchi à la cohérence de son enseignement.

Tous les programmes sont disponibles sur le site de l'Éducation nationale : il faut les lire et les critiquer avec les enfants. Il ne s'agit pas de les encourager à prendre position publiquement contre ce qu'on leur enseigne mais simplement de les armer d'un peu de bon sens et de suffisamment d'arguments afin qu'ils ne se laissent pas « bourrer le crâne ».

Quant aux manuels anciens, ce sont des mines d'or pour qui se préoccupe de l'instruction de ses enfants. Disponibles sur Internet pour une bouchée de pain, ils sont souvent de meilleure qualité que ceux d'aujourd'hui : plus progressifs tout en étant plus exigeants, ils sont très utiles pour discerner l'essentiel de l'accessoire. Ils sont aussi souvent mieux illustrés. Les dessins et gravures accompagnant les leçons de choses du début du XXe siècle sont à eux seuls des mini-cours. Les textes choisis comme supports pour l'étude du français sont souvent bien plus beaux que ceux que l'on trouve aujourd'hui chez les éditeurs scolaires.

L'État tente d'empêcher l'instruction en famille : une loi de 2019 abaisse l'âge de l'école obligatoire de six à trois ans ; une autre a modifié en 2020 le régime de l'instruction en famille pour la limiter. Mais les recours sont nombreux et parfois victorieux. Si vous vous lancez dans cette aventure, vous garderez la main sur les débuts des apprentissages, notamment celui de la lecture qui est fondamental. La Finlande squatte les premières places du classement PISA depuis des années alors que les petits Finlandais ne sont pas obligés d'aller à l'école avant l'âge de sept ans…

Les idéologues ne rencontrent plus beaucoup de résistances au sein des établissements scolaires français. L'esprit critique s'y fait rare. Karl Kraus écrivait : « Si la bêtise s'est répandue dans une ville, on la déclarera infestée. Mais il ne faudra, alors, celer aucun cas. Car avec quelle facilité peut-il se faire qu'un crétin soit allé et venu dans une maison où il y a des enfants. En des temps pareils, la fermeture des écoles s'impose ; non pas, comme on pourrait le croire, l'ouverture d'écoles. » Pour modérer son propos, j'ajouterais qu'il faut parallèlement encourager l'ouverture d'écoles d'un nouveau type, indépendantes et exigeantes, acceptant d'être évaluées et comparées objectivement et n'attendant aucune aide de l'État.

En guise de conclusion, voici un charmant poème composé par l'un de mes élèves à la faveur du confinement. Comme lui, je souhaite à chaque enfant de ce pays de cheminer librement, sans chef et sans mission, appelé par la beauté du monde et sa propre vocation.

Le vagabond

Je suis un vagabond, libre comme le vent,
Courant par les sentiers, le regard droit devant
Je n'ai ni chef, ni loi, ni mission, ni maison
Mais j'ai ce quelque chose que peu de personnes ont :
La Liberté
À travers la campagne, à travers la montagne,
D'un pas léger et vif, ne sachant où aller,
Je vais me promenant avec pour seule compagne
Celle qui tant d'années ne m'a jamais quitté :
La Liberté
Je n'ai pour repas qu'une poignée de mûres,
Mais cette nourriture qu'offre Dame Nature
Vaut bien tous les festins d'un prince ou bien d'un roi
Car elle a ce parfum qui n'appartient qu'à moi :
La Liberté

Louis de Chammard
(2010 – le plus tard possible !)

Notes

2. L'hystérie numérique

1. Selon l'article L 401-1 du Code de l'éducation.
2. Programme international pour le suivi des acquis des élèves (en anglais *Programme for International Student Assessment*).
3. Source : collectif Sauver les lettres.

3. Du Bellay ? Vous n'y pensez pas !

1. Dans : Lee S. Shulman et Evan R. Keislar (éd.), *Learning by discovery. A critical appraisal*, Rand McNally, 1966.
2. La Librairie des écoles, 2018, traduit par Marion Beaujard.

4. L'éducation sexuelle, cheval de Troie de la théorie du genre

1. https://eduscol.education.fr/document/42997/download.
2. *Le Point*, 3 février 2014.
3. Ce texte reprend en partie un article que j'ai publié sur le site

du *Point* : « Maman, la maîtresse nous a demandé : “Que ferais-tu si tu changeais de sexe ?” », 15 juin 2022.

4. « Changement de sexe chez les enfants : “Nous ne pouvons plus nous taire face à une grave dérive” », *L'Express* (lexpress.fr), 20 septembre 2021. Lire également « Détransition de genre : un phénomène d'ampleur ? », sur le site genetique.org.

5. Harry Potter contre La Fontaine : *game over* ?

1. Pablo Maillé, « Harry Potter a 20 ans : “Avant, on lisait *Le Club des Cinq*, aujourd'hui, on lit J.K. Rowling” », telerama.fr, 26 juin 2017.

2. Patrice Jean, *Rééducation nationale*, Rue Fromentin, 2022.

3. https://eduscol.education.fr.

6. Écriture inclusive : l'ordre analphabétique

1. Ce texte est en parti repris d'articles publiés sur les sites de RTL (« Écriture inclusive : ce qui se joue à l'école », 27 février 2021) et de *Marianne* (« Sandrine Rousseau ou les raté.e.s de l'écriture inclusive », 22 juin 2022).

2. https://haut-conseil egalite.gouv.fr/IMG/pdf/guide_pour_une_communication_publique_sans_stereotype_de_sexe_vf_2016_11_02.compressed-3.pdf.

3. « C'est quoi l'écriture inclusive exactement ? », blog eninclusif.fr.

4. https://www.slate.fr/story/153492/manifeste-professeurs-professeures-enseignerons-plus-masculin-emporte-sur-le-feminin.

5. https://www.marianne.net/agora/tribunes-libres/une-ecriture-excluante-qui-s-impose-par-la-propagande-32-linguistes-listent-les.

7. La fabrique du petit collabo

1. Patrice Jean, *op. cit.*
2. *Journal des Libertés*, été 2021.
3. https://www.reseau-canope.fr/BSD/serie.aspx ?serie=72.
4. « Le parcours citoyen », site du ministère de l'Éducation nationale et de la Jeunesse.
5. Léon Bloy, *Belluaires et porchers*, « Introduction et préliminaires aveux », VII, 1905.
6. Ramsay, 2003.

8. L'écologisme à l'assaut de l'école

1. Gustave Thibon, *L'Équilibre et l'Harmonie*, Fayard, 1976.
2. « D'ici 2025, tous les étudiants auront une formation à la transition écologique », *L'Étudiant* (letudiant.fr).
3. Tribune d'étudiants des ENS, « Alignons notre pratique scientifique sur les enjeux impérieux de ce siècle », *Le Monde*, 11 mai 2022.
4. *Libération*, 6 novembre 2022.
5. Site de l'Inserm, janvier 2022.
6. Plon, 2011.
7. *Les Écologistes contre la modernité. Le procès de Prométhée*, Les Presses de la Cité, 2021.

10. Fonctionnaire, sors de ce corps !

1. Patrice Jean, *op. cit.*

11. Les mages sont dans l'école

1. Voir Élisabeth Martens, *La Méditation de pleine conscience. L'envers du décor*, Investig'Action, 2021.

12. La littérature, c'est moderne !

1. *Pourquoi les enfants n'aiment pas l'école !*, La Librairie des écoles, 2010.
2. Jean-Paul Brighelli, *La Fabrique du crétin. Vers l'apocalypse scolaire*, L'Archipel, 2022.
3. Dans « Journées de lectures », *Pastiches et Mélanges*, 1921.
4. Frédéric Prat, Gilbert Castellanet, SOS Éducation, 2018.

14. La liberté au secours de l'école

1. Texte adapté d'une chronique co-signée avec David Lisnard et Myriam Menez sur le site Atlantico sous le titre « Le mythe de l'égalité républicaine à l'école ».
2. https://www.education.gouv.fr/l-education-nationale-en-chiffres-2021-324545.

15. À l'école, le masculin ne l'emporte pas

1. Éduscol, site du ministère de l'Éducation nationale à l'intention des professionnels de l'éducation.
2. « Teachers and the Gender Gaps in Student Achievement », *Journal of Human Resources*, University of Wisconsin Press, vol. 42(3), 2007.

3. Fabert, 2016.
4. Titre officiel du rapport : « Les signes et manifestations d'appartenance religieuse dans les établissements scolaires ». Il est commenté par vingt personnalités dans le livre *L'École face à l'obscurantisme religieux*, Max Milo, 2006.
5. « Trajectoires scolaires des enfants d'immigrés jusqu'au baccalauréat : rôle de l'origine et du genre. Résultats récents », *Éducation et formations*, décembre 2019.

16. La puissance de l'ennui

1. *De musica*, VI, XI, 30.
2. Georges Bernanos, *La France contre les robots*, Comité de la France libre du Brésil, 1947.
3. Armand Colin, 2007.

18. La bataille des pronoms

1. Julliard, 1987.

19. L'économie est un jeu d'enfant

1. https://ses.ens-lyon.fr/fichiers/Articles/rapport-guesnerie.pdf.
2. https://academiesciencesmoralesetpolitiques.fr/wp-content/uploads/2018/10/enseignement_ses_lycees.pdf.
3. https://academiesciencesmoralesetpolitiques.fr/wp-content/uploads/2018/10/propositionsses.pdf.
4. Strathena, conçu par Xavier Fontanet, ex-P-DG d'Essilor.

20. Jargonnez, jargonnez ! Il en restera toujours quelque chose

1. La collection Ermel est destinée aux enseignants et présente des situations d'apprentissage accompagnées de commentaires didactiques et de « productions » d'élèves, puisque c'est comme cela qu'on désigne aujourd'hui les écrits des enfants.

2. L'Éditeur, 2016.

3. « As I Please », *Tribune*, 17 mars 1944.

4. https://cache.media.eduscol.education.fr/file/A-Scolarite_obligatoire/37/5/Programme2020_cycle_3_comparatif_1313375.pdf.

5. https://pedagogie-nord-tmp.ac-lille.fr/de-laisance-aquatique-au-savoir-nager-securitaire-a-la-natation/.

6. [1947], Albin Michel, 1996.

REMERCIEMENTS

Je remercie Romain, Matthieu, Vadim et Laure pour leur patience et leur soutien sans faille, Sébastien Le Fol, Jean-Baptiste Giraud, Christophe Pacaud et Alexandre Wickham pour leur confiance, Cyrille Coiffet, David Lisnard, Olivier Méresse et mes parents Maria et Michel pour leur franchise, leur intelligence et leur liberté. Merci à Nicole Dubois dont l'expérience d'enseignante m'a été infiniment précieuse.

Composition : Nord Compo
Impression : CPI Bussière en juillet 2023
Éditions Albin Michel
22, rue Huyghens, 75014 Paris
www.albin-michel.fr

ISBN : 978-2-226-48188-7
N° d'édition : 25356/01 – N° d'impression : 2072423
Dépôt légal : août 2023
Imprimé en France